WISSENSCHAFTLICHE BEITRÄGE
AUS DEM TECTUM VERLAG

Reihe Rechtswissenschaften

WISSENSCHAFTLICHE BEITRÄGE
AUS DEM TECTUM VERLAG

Reihe Rechtswissenschaften

Band 71

Marcel Lötscher

Familienfideikommiss und Trust

Der Binnentrust als Vehikel der privatnützigen Vermögensperpetuierung in Anlehnung an das altrechtliche Familienfideikommiss der Schweiz

Tectum Verlag

Marcel Lötscher

Familienfideikommiss und Trust
Der Binnentrust als Vehikel der privatnützigen Vermögensperpetuierung in Anlehnung an das altrechtliche Familienfideikommiss der Schweiz

Wissenschaftliche Beiträge aus dem Tectum Verlag:
Reihe: Rechtswissenschaften; Bd. 71

Zugl. Masterthesis Executive Master of Laws (LL.M.) in Gesellschafts-, Stiftungs- und Trustrecht der Universität Liechtenstein 2014

ISBN: 978-3-8288-3418-7

ISSN: 1861-7875

Druck und Bindung: CPI buchbücher.de, Birkach
Printed in Germany

Besuchen Sie uns im Internet
www.tectum-verlag.de

Bibliografische Informationen der Deutschen Nationalbibliothek
Die Deutsche Nationalbibliothek verzeichnet diese Publikation in der Deutschen Nationalbibliografie; detaillierte bibliografische Angaben sind im Internet über http://dnb.ddb.de abrufbar.

Für Fabienne,
Maximilian und Victoria

Vorwort und Dank

Das Familienfideikommiss ist ein Themenkomplex, welcher mich bereits seit meinem Studium der Rechtswissenschaften beschäftigt. Ein Familienfideikommiss ist – wie in dieser Abhandlung entwickelt – ein Sondervermögen ohne Rechtspersönlichkeit, welches durch den Fideikommissar in einer beschränkten Eigentümerstellung gefestigt und verwaltet wird, weder veräussert noch belastet werden darf, einem besonderen ideellen und auch materiellen familiären Zweck gewidmet ist und zum Schutz vor Zersplitterung des Besitzes einer festgesetzten originären familien- und erbrechtlichen Sukzession folgt.

Im Rahmen des LL.M.-Studiengangs in Gesellschafts-, Stiftungs- und Trustrecht an der Universität Liechtenstein konnte ich mich eingehend mit dem Trust nach angelsächsischem Recht sowie dessen liechtensteinischen Ausgestaltung beschäftigen.

Eine vertiefte Betrachtung und ein Vergleich dieser beiden Rechtsinstitute haben sich geradezu aufgedrängt und bilden Thema dieser Abhandlung. Der fideikommissähnliche Binnentrust soll als Vehikel für die privatnützige Vermögensperpetuierung in der Schweiz betrachtet und geprüft werden.

Ich danke Prof. Dr. Francesco Schurr, Lehrstuhlinhaber des Lehrstuhls für Gesellschafts-, Stiftungs- und Trustrecht an der Universität Liechtenstein für die Betreuung dieser Masterthesis. Dem Tectum Wissenschaftsverlag Marburg danke ich für die Aufnahme dieser Abhandlung in die Reihe Rechtswissenschaften.

Baden, im September 2014
Dr. Marcel Lötscher, LL.M.

Inhaltsverzeichnis

Abstract

Diese Abhandlung untersucht, ob das Verbot der Neuerrichtung von Familienfideikommissen durch die Genehmigung des HTÜ und die Anpassungen des IPRG noch zu halten ist. Dies, weil mit dem Binnentrust eine fideikommissähnliche Substitution im Geltungsbereich des schweizerischen Privatrechts nicht verhindert werden kann. Zudem wurde in einem neueren Entscheid des BGer festgehalten, dass der relevante Art. 335 ZGB in internationalen Verhältnissen nicht der Vorrang der zwingenden Anwendung (*lois d'application immédiate*) geniesst, es somit nicht zu einer kollissionsrechtlichen Sonderanknüpfung kommt.

Einleitend wird ausführlich das Familienfideikommiss betrachtet. Ausgehend von den historischen Grundlagen wird die dualistische Rezeption dargestellt. Nach verschiedenen Umschreibungen des Familienfideikommisses erfolgt die Abgrenzung zum Vermächtnis, zur Nacherbeneinsetzung und zur kollektiven Kapitalanlage. Detailliert werden Gegenstand, Begründung und die beteiligten Parteien eines Familienfideikommisses besprochen.

Definiert wird das Familienfideikommiss als ein Sondervermögen ohne Rechtspersönlichkeit, welches durch den Fideikommissar in einer beschränkten Eigentümerstellung gefestigt und verwaltet wird, weder veräussert noch belastet werden darf, einem besonderen ideellen und auch materiellen familiären Zweck gewidmet ist und zum Schutz vor Zersplitterung des Besitzes einer festgesetzten originären familien- und erbrechtlichen Sukzession folgt. Diese Ideen sind auch heute noch aktuell.

Das Verbot der Neuerrichtung von Familienfideikommissen in Art. 335 Abs. 2 ZGB wird detailliert betrachtet. Nach einer kurzen Einführung in den Trust, wird die Sonderform des Binnentrusts geprüft. Der Binnentrust ist eine nach HTÜ und auch nach den relevanten Bestimmungen des IPRG zulässige Ausgestaltung des Trusts in der Schweiz. Die internationale Anknüpfung liegt beim betrachteten Binnentrust dieser Abhandlung einzig in der Wahl des liechtensteinischen Trustrechts.

Das Familienfideikommiss und der Trust werden verglichen und als juristische Brüder im Geiste beurteilt. Trusts können auch heute noch in ihrer Ausgestaltung sehr nahe am ursprünglichen Familienfideikommiss angelehnt werden, eine Tatsache, die nur durch eine juristische Verwandtschaft erklärt werden kann.

Der fideikommissähnliche Binnentrust wird als taugliches Vehikel der privatnützigen Vermögensperpetuierung diskutiert und als optimale Lösung für das *Estate Planning* und zur *Asset Protection* beurteilt. Gilt es doch mit dem Binnentrust als Vehikel für die privatnützige Vermögenperpetuierung nicht nur familiäre Strukturen, sondern davon losgelöst auch Dritten im Rahmen des *Esta-*

te Planning und *Asset Protection* sämtliche Instrumente zur Verfügung zu stellen, um gemeinnützige Zwecke zu fördern, die Nachkommen zu begünstigen oder gar ein Unternehmen im Fortbestand sichern zu können.

1 Grundlagen

1.1 Ausgangslage und Problemstellung

Das Fideikommiss als Forschungsobjekt ist eine interessante, aber auch komplexe Materie, haben doch von jeher „einander widerstreitende ordnungspolitische Vorstellungen, denen jeweils elementare Individualinteressen entsprechen, [darauf] eingewirkt. So hat das *fideicommissum* [...] eine höchst wechselvolle, an Machtsprüchen und an abrupten Änderungen reiche Entwicklung von der Antike bis in unsere Tage genommen“.[1]

Nach Art. 335 Abs. 2 ZGB gilt, dass die Errichtung neuer Familienfideikommisse untersagt sei. Ohne Betrachtung der historischen Grundlagen und der Materialien zum ZGB kann dieses Verbot jedoch weder eingeordnet noch nachvollzogen werden. Deshalb wird den historischen Grundlagen wie auch der vorwiegend älteren Literatur zum Fideikommiss grosse Beachtung geschenkt. Dieser historische Rückblick ist wichtig, weil wenn sich die Rechtswissenschaft einzig auf die Interpretation von bestehenden Normen und das Festhalten von Unklarheiten beschränkt, sie sich so jeglicher Funktion im Prozess der Fortentwicklung des Rechts beraubt.[2]

Die Genehmigung des Übereinkommens über das auf Trust anzuwendende Recht und über ihre Anerkennung (HTÜ) und den damit einhergehenden Anpassungen des IPRG[3] haben die Ideen des Fideikommisses aus dem Dornröschenschlaf gerissen, und eine erneute Betrachtung erscheint als gerechtfertigt[4]. Nach einer Abgrenzung zum Trust soll abschliessend die Rechtstauglichkeit des fideikommissähnlichen Binnentrusts als ein Vehikel der privatnützigen Vermögensperpetuierung in der Schweiz einer kritischen Prüfung unterzogen werden.

1.2 Zielsetzung der Abhandlung

Diese Abhandlung soll sich primär der Frage widmen, inwiefern das Verbot der Neuerrichtung von Familienfideikommissen durch die Genehmigung des HTÜ und die Anpassungen des IPRG dahingehend abgeschwächt wurde, als mit

1 *Söllner*, Zur Rechtsgeschichte des Familienfideikommisses in *Medicus/Seiler* (Hrsg), FS *Max Kaser* zum 70. Geburtstag[1] (1976) 657.

2 Vgl. *Schuhr*, Rechtsdogmatik als Wissenschaft: rechtliche Theorien und Modelle (2006) 35.

3 Das IPRG wurde mit Ratifikation des HTÜ mit den Art. 149 a-d IPRG ergänzt.

4 Auch wenn diese Abhandlung nicht der von *Kurt Jenny* gewünschten „genauen Untersuchung und Darstellung der fideikommissarischen Substitution im geltenden schweizerischen Rechte“ genügen wird, vgl. *Jenny*, Fideicommiss und Erbrecht (1956) 155.

dem Binnentrust eine fideikommissähnliche Substitution im Geltungsbereich des schweizerischen Privatrechts nicht verhindert werden kann.

1.3 Methodik und Aufbau

Die historischen Grundlagen sowie die Definition und Abgrenzung des Familienfideikommisses bilden Ausgangspunkt dieser Abhandlung. Auf das Verbot der Neuerrichtung von Familienfideikommissen wird ausführlich eingegangen. Nach kurzen Ausführungen zur Form und Natur des Trusts und zur Genehmigung des HTÜ wird auch der Binnentrust als Spezialform betrachtet. Abschliessend sollen die Betrachtungen zum fideikommissähnlichen Binnentrust aufzeigen, inwiefern im Rechtsvehikel Trust die Bedürfnisse des Fideikommisses auch in der Schweiz verwirklicht werden können.

Das kanonische Recht wurde – um dem Umfang der Arbeit gerecht zu werden – zu Gunsten der Betrachtung des römischen und germanischen Rechtes ausgeklammert. Zudem werden auch die steuerrechtlichen Fragen ausser Acht gelassen.

Diese Abhandlung beschränkt sich – abgesehen von den historischen Grundlagen – primär auf die schweizerische Rechtsordnung, einzig zur Betrachtung der Spezifika des Trusts wird auf die liechtensteinische Rechtsordnung Bezug genommen. Zudem erfolgt bei der Betrachtung der kantonalen Rechtsordnungen vor Erlass des ZGB eine Beschränkung auf die Rechtslage im Kanton Luzern; gilt doch der Kanton Luzern „in der schweizerischen Rechtsgeschichte als der typische Ort für die Familienfideikommisse“.[5]

Soweit in der deutschen Sprache eine Differenzierung in die männliche und weibliche Form angezeigt wäre, wird der Einfachheit und Kürze halber die männliche Form belassen. Die Begriffe werden neutral verwendet (generisches Maskulinum). Die weibliche Form oder die weibliche Person, sofern als solche identifizierbar, ist selbstverständlich in jedem Fall mit eingeschlossen.

Da der Trust ein Rechtsinstitut des angelsächsischen Raumes ist, ist auch die englische Sprache Medium der Darstellung. Aus diesem Grund werden die trustspezifischen englischen Begriffe und tlw. auch Zitate in der Originalsprache übernommen. Die im englischen Original übernommen Begriffe werden analog der lateinischen und französischen Begriffe *kursiv* dargestellt.[6]

---

5 *Meyer von Schauensee*, Über die rechtliche Natur des Fideikommisses, SJZ 1930, 61 (61).

6 Gleiche Handhabung siehe *Schwizer*, Der Binnentrust im schweizerischen Erbrecht, Masterarbeit MLS (23. Mai 2011) St. Gallen, 3.

2 Familienfideikommiss

2.1 Historische Grundlagen

2.1.1 Fideikommiss im römischen Recht

Als Instrumente des Einzelerwerbes von Todes wegen hat das römische Recht zwei Formen von Vermächtnisgeschäften ausgebildet, „das *legatum* als streng förmliches, an feste Regeln gebundenes Geschäft des alten *ius civile* und das *fideicommissum* als Geschöpf des Kaiserrechts, das freiem Ermessen Raum gibt und auf die Bindungen, die für Form und Inhalt der Legate gelten, weithin verzichten“.[7] Das Legat wie auch das Fideikommiss sind klar von der eigentlichen Erbeneinsetzung abzugrenzen. Betrifft doch die Erbeneinsetzung die Berufung eines Gesamtrechtsnachfolgers als gesetzlicher und eingesetzter Erbe, im Gegensatz zu den Formen des Vermächtnisses, welches als letztwillige Zuwendung einzelner Vermögensgegenstände gilt.[8]

Das Legat als testamentarische Zuwendung unterlag gegenüber dem Fideikommiss zahlreichen Einschränkungen. So konnten einerseits nur römische Bürger als Legataren begünstigt oder belastet werden (*testamenti factio*). Eine Begünstigung eines Nichtbürgers (*peregrinus*) mittels Legat war somit ausgeschlossen. Anderseits bewirkte die schuldrechtliche Form des Legates, dass der Empfänger sich auch über den Betrag der erhaltenen Erbschaft verpflichtete. Um das Risiko der Überschuldung des Empfängers einzuschränken, wurde die Summe der Legate auf drei Viertel der Erbschaft beschränkt.[9] Als erbrechtliches Instrument zur Begünstigung von Drittpersonen, welche nicht römische Bürger waren oder auch zur Übertragung des gesamten Nachlasses war das Legat somit untauglich und daher die Form des Vermächtnisses (insb. des Fideikommisses) zu wählen.

Das Fideikommiss ist als formlose Bitte des Erblassers ausgestaltet, deren Erfüllung der Treue (*fides*) des Empfängers überlassen wurde. Dieses Instrument des römischen Erbrechtes wurde nicht als klagbarer rechtlicher Anspruch analog

---

7 *Kaser*, Römisches Privatrecht[16], Juristische Kurz-Lehrbücher (1992) 339; vgl. *Mitteis*, Institutionen (1949) 624-632; *Kunkell/Honsell*, Römisches Recht[4], Enzyklopädie der Rechts- und Staatswissenschaft; Abteilung Rechtswissenschaft (1987) 484; *Honsell*, Römisches Recht[4] (1997) 183; *Manthe*, Geschichte des römischen Rechts (2000) 100-104.

8 Vgl. *Kunkell/Honsell,* Römisches Recht, 484; *Jenny,* Fideicommiss, 17; *Mitteis,* Institutionen, 624; *Kaser,* Römisches Privatrecht, 339; *Honsell,* Römisches Recht, 183.

9 Vgl. *Manthe*, Das senatus consultum Pegasianum, Freiburger rechtsgeschichtliche Abhandlungen, Bd. 12 (1989) 15-16; *Lewis*, Das Recht des Familienfideicommisses (1868) 3-20.

dem Legat, sondern als reine sittliche Verpflichtung verstanden.[10] Als formlose letztwillige Vermächtnisart wird dem Erben die moralische Pflicht auferlegt, einen Dritten (somit auch einem Nichtbürger) aus der Erbschaft zu begünstigen resp. diesem einen Gegenstand aus derselben auszuhändigen. Auch war die Höhe des auszurichtenden Betrages auf die Höhe des erbrechtlich Zugewandten beschränkt. Der Begünstigte musste sich somit nicht wie der Erbe bei einem Legat der Gefahr der Überschuldung aussetzen. Zu guter Letzt konnte ein Fideikommiss auch über den ganzen Nachlass ausgesprochen werden.[11]

Die formlose Bitte des Erblassers konnte im römischen Recht jeglichen Inhalt haben. Also auch die Bitte, der Beschwerte möge den Erbteil in seiner Gesamtheit oder als Überrest an einen Dritten (Fideikommissar) herausgeben. Bezog sich der beschwerte Erbteil auf die Gesamtheit des Nachlasses, so diente ein solches Universalfideikommiss der verdeckten Erbeinsetzung eines Dritten. Das Universalfideikommiss soll die Wirkung einer Universalsukzession ermöglichen.[12] Dies entgegen dem Grundsatz der Berufung als Erbe i.S. einer dauernden Erbfolge. Galt doch im römischen Recht die Regel *semel heres semper heres*[13] und sämtliche auflösenden Bestimmungen und Zeitbestimmungen in Ergänzung einer testamentarischen Erbeneinsetzung waren als nichtig zu betrachten.[14]

Zwei Senatsbeschlüsse, auf welche nicht detailliert eingegangen wird, sollen die wechselhafte Entwicklung des Fideikommisses im römischen Recht aufzeigen. Durch den *SC*[15] *Trebellianum* (62 n. Chr.) wurde die Rechtsstellung des Erben als Fiduziar gegenüber dem Bedachten gestärkt. Die Restitutionserklärung wurde mit unmittelbarer Wirkung belegt. Der Fideikommissar wurde kraft Erklärung des Fiduziars aus den Rechten des Testators aktiv und passiv klageberechtigt. Der Erbe hatte weder erbschaftsrechtliche Ansprüche, noch war er gegenüber den Nachlassgläubigern haftbar.[16] Interessant dann die Abschwächung dieses flexiblen Instrumentes durch den *SC Pegasianum* (75 n. Chr). Das Pflichtteilsrecht wurde durch Anwendung der *Quarta Falcidia* auch für den Fideikommiss als anwendbar erklärt. Der Universalkommiss war somit verunmög-

10 Vgl. *Kaser,* Römisches Privatrecht, 344; *Mitteis,* Institutionen, 634; *Kunkell/Honsell,* Römisches Recht, 496; *Eckert,* Der Kampf um die Familienfideikommisse in Deutschland, Rechtshistorische Reihe, Bd. 104 (1992) 27-36; *Honsell,* Römische Recht, 184.

11 Vgl. *Manthe,* Pegasianum, 17-18.

12 Vgl. *Mitteis,* Institutionen, 634; *Kunkell/Honsell,* Römisches Recht, 500; *Kaser,* Römisches Privatrecht, 344.

13 *Semel heres, semper heres*, lat. für einmal Erbe immer Erbe. Man kann niemanden zum Erben auf Zeit einsetzen; die Nacherbenfolge ist ausgeschlossen, vgl. *Liebs*, Lateinische Rechtsregeln und Rechtssprichwörter[3] (1983) 15.

14 *Honsell,* Römisches Privatrecht, 176.

15 *Senatus Consultum*, lat. für Senatsbeschluss.

16 Vgl. *Mitteis,* Institutionen, 635 i.Vm. 598; *Jenny,* Fideicommiss, 20-21; *Kunkell/Honsell,* Römisches Recht, 501; *Manthe,* Pegasianum, n.F., Bd. 12, 35-41; *Kaser,* Römisches Privatrecht, 347.

licht, und anstelle einer mittelbaren Universalsukzession wurde das Vorgehen mittels Singularsukzession für maximal drei Viertel der Erbschaft vorgeschrieben.[17]

Unter *Justinian* wurden im Rahmen der Neukodifikation des römischen Rechts (*Corpus Iuris Civilis*) die beiden Senatsbeschlüsse verschmolzen. Der mit dem Fideikommiss beschwerte Erbe hat weiterhin sein Pflichtteilsrecht nach *SC Pegasianum*, der Fideikommissar tritt aber wie beim *SC Trebellianum* für den Rest gestützt auf die Restitution durch den Erben als Universalsukzessor für die Aktiven und Passiven ein. Zudem hatte der Fideikommissar weiterhin das nach *SC Pegasianum* herrschende Zwangsrecht gegenüber dem Erben, sollte dieser das Erbe nicht antreten wollen. Der Antritt der Erbschaft war nicht mehr mit dem Risiko der Haftung für die Nachlassschulden verbunden, da der Fideikommissar nach *SC Trebellianum* von jeder Haftung gegenüber den Nachlassgläubigern befreit war.

Justinian hob weiter die Unterschiede zwischen Legat und Fideikommiss auf und schuf so eine einheitliche Form eines Vermächtnisses.[18] Diese Form der gewillkürten Erbfolge war im römischen Recht ein beliebtes Instrument der flexibleren Erbeneinsetzung, wenn auch nur mittelbar durch Restitution durch den Erben.[19] An Attraktivität hat dieses Instrument im römischen Recht jedoch verloren, als *Justinian* die Gebundenheit des beschwerten Gutes auf vier Generationen innerhalb der Familie begrenzte.[20] Eine unbegrenzte Nacherbeneinsetzung mittels Fideikommiss war somit im römischen Recht nicht mehr gegeben.

2.1.2 Fideikommiss im germanischen Recht

Seit dem Mittelalter hat das römische Recht seinen Siegeszug über die lombardischen Rechtsschulen fortgesetzt, „seine Einrichtungen, Regeln und Formen wurden ins Rechtsleben der Völker übernommen (rezipiert), oder sie durchtränkten (infiltrierten) deren Recht. Daher spricht man von der Rezeption und Infiltration des römischen Rechts“.[21] Das römischrechtliche Fideikommiss soll jedoch in das germanische Recht mit umgekehrten Vorzeichen Eingang finden.

Als germanisches Recht bezeichnet man den gemeinsamen Bestand der Rechtsvorstellungen der germanischen Völker. Dieses einheimische Recht grün-

---

17 Vgl. *Mitteis,* Institutionen, 636; *Jenny,* Fideicommiss, 21-23; *Kunkell/Honsell,* Römisches Recht, 502; *Manthe,* Pegasianum, 41-52; *Kaser,* Römisches Privatrecht, 347.

18 Vgl. *Jenny,* Fideicommiss, 28-31; *Kunkell/Honsell,* Römisches Recht, 503.

19 Vgl. *Mitteis,* Institutionen, 636-637; *Kunkell/Honsell,* Römisches Recht, 502; *Manthe,* Pegasianum, 69-75; *Kaser,* Römisches Privatrecht, 348.

20 Vgl. *Söllner,* Rechtsgeschichte in *Medicus/Seiler,* 659; Eine Regel die heute auch noch im Verbot der unbeschränkten Nacherbeneinsetzung nach Art. 488 Abs. 2 ZGB Auswirkungen hat.

21 *Carlen,* Rechtsgeschichte in der Schweiz, Monographien zur Schweizer Geschichte (1968) 14.

dete in der Ablehnung einer Vollrezeption des römischen Rechts. Die germanischen Stammesrechte der sich in der Deutschschweiz niedergelassenen Alemannen fliessen als Volksrecht der germanischen Stämme (*leges barbarorum*) bis in die Neuzeit in das öffentliche und private Recht der Eidgenossenschaft ein. Das ZGB ist in weiten Teilen neben den römischrechtlichen auch von germanischrechtlichen Einflüssen geprägt.[22]

Im Gegensatz zum Erbrecht im römischen Recht standen im germanischen Erbrecht aber mehr wirtschaftliche denn ideelle Zwecke im Vordergrund. Die Teilung der Erbschaft stand im Hintergrund, wichtiger war die Vergangenheit, resp. der Grundsatz, dass das Erben einer vorgegebenen Ordnung[23] folgen soll. Ein Gutsbetrieb konnte so als Ganzes übertragen und die Ausstattung der ausscheidenden Kinder ausgerichtet werden.

Zuweisungen auf den Todesfall (sog. Gemächte) waren erst im 13. Jh. und auch nur durch gerichtliche Festsetzung unter bestimmten Bedingungen möglich.[24] Das Gemächte konnte sich nur deshalb entwickeln, weil das römische Testament zu diesem Zeitpunkt im germanischen Rechtskreis (noch) nicht allgemein bekannt war. Hierbei handelt es sich jedoch nicht um eine Erbeneinsetzung, sondern einzig um ein Recht auf Nachlassgegenstände.[25] Das Gemächte entspricht im römischen Recht dem Legat. Beim Gemächte war die Dispositionsfreiheit des Erblassers dahingehend eingeschränkt, als die finanzielle Unterstützung der Verwandten weiterhin gewährleistet sein musste.[26] Das germanische Stammgutprinzip besagt, dass „ohne Einwilligung der nächsten Erben [...] eine Veräusserung des Grundeigentums nicht zulässig war. Eine trotzdem ergangene Veräusserung wurde für nichtig erklärt, und zwar mit der Wirkung, dass der nächste Erbe das Veräusserte sofort an sich nehmen durfte“.[27]

---

22 *Reber*, Germanisches Recht, in: Historisches Lexikon der Schweiz (HLS), Version vom 5. Dezember 2006 <http://www.hls-dhs-dss.ch/textes/d/D8932.php> (abgefragt am 9. März 2014); *Eckert*, Kampf, 36-46.

23 Elemente davon finden sich noch heute im BGBB. Bezweckt BGBB 1 Abs. 1 lit. a doch unter anderen die Förderung des bäuerlichen Grundeigentums. Namentlich sind Familienbetriebe – als Grundlage des gesunden Bauernstandes und der leistungsfähigen, auf eine nachhaltige Bodenbewirtschaftung ausgerichteten Landwirtschaft – zu erhalten und in ihrer Struktur zu verbessern.

24 Vgl. *Druey*, Grundriss des Erbrechts[4], Stämpflis juristische Lehrbücher (1997) 31.

25 Vgl. *Jenny,* Fideicommiss, 58.

26 Vgl. *Jenny,* Fideicommiss, 58; Dieser germanischrechtliche Einfluss ist m.E. auch Grundlage der Verwandtenunterstützungsflicht in Art. 328-329 ZGB. Besagt doch Art. 329 Abs. 1 ZGB, dass der Anspruch auf Unterstützung gegen die Pflichtigen in der Reihenfolge ihrer Erbberechtigung geltend zu machen sei und auf die Leistung gehe, welche zum Lebensunterhalt des Bedürftigen erforderlich und den Verhältnissen des Pflichtigen angemessen sei.

27 *Jenny,* Fideicommiss, 85.

Das Fideikommiss der römischrechtlichen Prägung war aus diesem Grund im germanischen Recht ursprünglich gar nicht notwendig, da das Vermögen (schon) einer vorbestimmten Erbordnung zur Förderung des Familienvermögens folgen musste. Als Instrument des *Estate Planning*[28] und der *Asset Protection*[29] notwendig wurde das Fideikommiss erst durch die Anerkennung der römischrechtlichen Dispositionsfreiheit und dem fortschreitenden Zerfall von Sippe und Familie.[30] Grundlage des Stammgutprinzips waren Statuten und Gewohnheitsrecht, wogegen sich das Fideikommiss nun von einem konkreten Willensakt ableitet.

Das Fideikommiss im germanischen Recht wurde somit als dauernde Stammgutstiftung zur Erhaltung des Familienruhms (*splendor familiae*) und zur Gewährleistung der Erhaltung des Grundbesitzes in der männlichen Linie aufgefasst.[31]

2.1.3 Dualistische Rezeption des Fideikommisses

Das dualistisch rezipierte Fideikommiss bildet wie das alte Mesopotamien[32] ein Zweistromland, gespiesen nicht von Euphrat und Tigris, sondern vom römischrechtlichen und germanischrechtlichen Strom. Ohne die beiden rechtshistorischen Ströme hätte sich kein Fideikommiss der heutigen Art herausbilden können.[33]

Zahlreiche Rechtsinstitute des römischen Rechts wurden nur in den Begrifflichkeiten oder in formelhaften Bezugnahmen in das schweizerische kanto-

---

28 Vermögens- und Nachlassplanung; vgl. *Buschor*, Nachlassplanung (*Estate Planning*) nach schweizerischem internationalem Erbrecht, Zürcher Studien zum Privatrecht, Bd. 111 (1994) 9.

29 *Trappe*, Nachlassplanung und *Asset Protection*, ErbR 2011, 76 (76 m.w.H.): „Unter *Asset Protection* versteht man den Schutz des eigenen Vermögens vor dem Zugriff von Gläubigern [resp. ungerechtfertigten Ansprüchen Dritter]. Regelmässig stellt sich das *Asset Protection* als ein strategisches Massnahmenbündel dar, welches zum einen das Haftungsrisiko [...] durch Vermögensschutz kompensieren, zum anderen in Verbindung mit der Nachlassplanung eine unbeschadete Vermögensüberleitung garantieren soll."

30 Vgl. *Jenny,* Fideicommiss, 63.

31 Vgl. *Jenny,* Fideicommiss, 88.

32 In aktueller Darstellung würde man Mesopotamien heute kartographisch den Ländern Irak (Hauptgebiet), Syrien und Türkei zuordnen.

33 Der Verweis auf das Zweistromland ist nicht so abwegig, wie dies auf den ersten Blick scheinen mag. Auch in Mesopotamien haben sich – ähnlich dem römischen und dem germanischen Erbrecht – zwei unterschiedliche erbrechtliche Systeme entwickelt. Das altbabylonische Erbrecht kannte im Prinzip nur die männlichen Nachkommen des Erblassers als Erben, welche nur zu gleichen Teilen erben konnten (vgl. *Neumann*, Recht im antiken Mesopotamien in *Manthe* (Hrsg), Die Rechtskulturen der Antike: vom Alten Orient bis zum Römischen Reich (2003) 93). Das mittelassyrische Recht dagegen kannte neben dem Intestaterbrecht auch das testamentarische Erbrecht (vgl. *Neumann,* Mesopotamien in *Manthe,* 117).

nale Recht rezipiert.[34] Gerade beim Fideikommiss wird auch der germanischrechtliche Einfluss deutlich. Das Familienfideikommiss bildet richtigerweise germanischrechtliches Familienvermögen und folgt nicht der römischrechtlichen Universalsukzession. Somit wird es korrekterweise legislatorisch dem Familienrecht und nicht dem Erbrecht zugeordnet.[35]

Im römischen Recht versuchte man mit dem Fideikommiss die starren Erbgesetze zu umgehen. Das Fideikommiss im römischen Recht wird so als klassisches Instrument zur Umgehung der Intestaterbfolge gesehen und kann m.E. als römischrechtliches Instrument des *Estate Planning* sowie der *Asset Protection* betrachtet werden. Erst mit dem Wegfall vom Grundsatz *semel heres semper heres* wurden die erbrechtlichen Instrumente – wie bspw. die Resolutivbedingung oder auch die Nacherbeneinsetzung – auch direkt beim Erben ermöglicht und das Bedürfnis nach fideikommissrechtlicher Substitution reduziert.

Im germanischen Recht dagegen verhinderte man mit dem Fideikommiss, dass das Vermögen im Falle der Erblosigkeit dem König oder dem Volk[36] zufalle[37] und förderte so den Fortbestand des (ungeteilten) Familienvermögens. Das Famlienfideikommiss gilt als Substitut für die gesetzliche Bindung des germanischen Stammgutes. Im Zuge der Romanisierung hat man der neu entstandenen Institution mit germanischem Ursprung den (römischrechtlichen) Namen Fideikommiss gegeben.[38]

Unter demselben Namen wurden im römischen und im germanischen Recht somit ganz unterschiedliche Rechtsbedürfnisse abgedeckt. Gemeinsam ist beiden Verwendungsarten jedoch, dass entweder der Vermögenserhalt über eine bestimmte Anzahl von Generation gewährleistet werden oder aber Dritte bedacht werden konnten, ohne dass diese direkt eine Erbenstellung innehalten mussten. Wichtig ist jedoch folgender Unterschied: Im römischen Recht diente das Fideikommiss dazu, die natürliche Gleichheit in der Gesellschaft des antiken Roms wiederherzustellen, im germanischen Recht dagegen diente das Fideikommiss als ein Instrument, um die bestehenden Ungleichheiten in der Gesellschaft und Familie bewahren zu können.[39]

Das germanischrechtliche Stammgutprinzip wurde durch den römischrechtlichen Einfluss der vermögensrechtlichen Gestaltungsfreiheit immer mehr in Frage gestellt. Die adligen Familien sahen sich der drohenden Gefahr einer Zersplitterung des Familiengutes gegenüber und sahen ihre wirtschaftliche und

34 Vgl. *Carlen,* Rechtsgeschichte, 20.

35 Vgl. *Jenny,* Fideicommiss, 92.

36 Hält doch noch *de lege lata* Art. 466 ZGB zur Erbenstellung des Gemeinwesens fest, dass wenn der Erblasser keine Erben hinterlässt, die Erbschaft an den zuständigen Kanton resp. die zuständige Gemeinde fallen soll.

37 Vgl. *Jenny,* Fideicommiss, 152.

38 Vgl. *Jenny,* Fideicommiss, 96.

39 Vgl. *Söllner,* Rechtsgeschichte in *Medicus/Seiler,* 665.

politische Macht schwinden. Der Bestand der germanischrechtlichen Stammgutstiftung konnte nur dann gesichert werden, wenn diese mit der Terminologie und Ausgestaltung des römischrechtlichen Fideikommisses ummantelt wurde.[40] Das Fideikommiss diente den Adligen und den wohlhabenden Bürgern dazu, das Sachvermögen ungeteilt in der Familie halten zu können und die Nachkommen vom Verfügungsrecht darüber auszuschliessen.[41] Die besondere Erbfolgeordnung der Adelsfamilien wurde vor allem vom niederen Adel in der Form der fideikommissarischen Substitution erfasst. Der europäische Hochadel dagegen konnte seine besondere Erbfolgeordnung von jeher in der Form eines Hausrechts als autonomes Recht festigen.[42]

Somit kann unter dem Fideikommiss ein Rechtsinstitut verstanden werden, welches einerseits aus dem germanischen Rechtsstrom (Stammgutprinzip) geschöpft, andererseits aber in Terminologie und Ausgestaltung dem römischen Rechtsstrom entnommen wurde.

2.2 Umschreibungen im Spiegel der Zeit

2.2.1 Entwicklung der Umschreibungsversuche

Die Umschreibung des Fideikommisses hat sich im Laufe der Zeit präzisiert, aber m.E. auch von einem trustähnlichen Vehikel zu einem Vehikel *sui generis* entwickelt. Einleitend sollen einige Definition früherer Werke aufgezeigt werden.

Aus dem frühen 18. Jh. stammt die älteste mir zugängliche Umschreibung eines Familienfideikommisses. Unter dem Titel „Was ein Fideicommissum seye?“ wird folgende Erläuterung gegeben: „Ein Fideicommissum ist das/was einem hinterlassen wird/mit der Bitt jemand anderem solches zu übergeben und zuzustellen.“[43]

Zu Beginn des 19. Jh. wird das Fideikommiss definiert „als ein Vermögen, welches durch eine Anordnung für alle künftige oder doch für mehrere Geschlechtsfolger als ein unveräusserliches Gut der Familie erklärt ist“.[44] Die Defi-

---

40 Vgl. *Eckert,* Kampf, 63.

41 Vgl. *Carlen,* Rechtsgeschichte, 48.

42 Vgl. *Söllner*, Rechtsgeschichte in *Medicus/Seiler,* 660 Fn. 16; z.B. wurde das fürstliche liechtensteinische Familiengut mit der Erbeinigung von 1606 noch in Form eines Fideikommisses festgehalten. Erst durch die Erhebung Liechtensteins zum Reichsfürstentum im Jahre 1719 nahm das Fideikommiss die Form des Hausgesetzes an, vgl. *Marxer*, Das Hausgesetz des Fürstenhauses von Liechtenstein und dessen Verhältnis zur staatlichen Ordnung Liechtensteins, Beiträge Nr. 17/2003 (2003) 5-6.

43 *Anonym*, Erb-Recht der Statt Zürich (1716) 37.

44 *Wildner*, Das Fideikommiss-Recht nach dem österreichischen allgemeinen bürgerlichen Gesetzbuche (1835) 4.

nition des Fideikommisses hat sich im Laufe des 19. Jh. immer mehr verfeinert.[45] Die erste bundesgerichtliche Umschreibung stammt aus dem Jahre 1883, welche das Familienfideikommiss definiert als „ein durch gültige Privatdisposition unveräusserlich mit einer Familie verbundener, zum Genusse durch die Familienmitglieder nach festgesetzter Sukzessionsordnung bestimmter Vermögenskomplex; durch dasselbe [...] das Bewusstsein der Einheit der Familie in ihren sich folgenden, wechselnden Gliedern erhalten und den Glanz der Familie erhöht werden [soll]".[46]

Anfang des 20. Jh. wurde das luzernische Familienfideikommiss bezeichnet als „ein unveräusserlicher Vermögenskomplex, der [sich] nach gesetzlich erlaubter, von der gewöhnlichen Erbfolge abweichender und durch Privatdisposition geregelter Sukzessionsordnung [...] vererbt. Geschützt durch die Verbundenheit vor Verlust infolge unglücklicher Verwaltung oder Verschwendung, und bewahrt durch die privilegierte Erbfolge vor Zersplitterung, soll es wenigstens ein Familienmitglied befähigen, den durch Reichtum, Bildung und Staatsdienst bedingten Glanz seines Stammes und Namens und dessen althergebrachtes Ansehen hochzuhalten".[47] Ende des 20. Jh. wird das Fideikommiss dann umschrieben als, „ein zu einer rechtlichen Einheit verbundenes Sondervermögen, das aufgrund einer gesetzlichen Ermächtigung durch eine private Willenserklärung des Stifters für unveräusserlich erklärt wurde, um in einer Familie zur Erhaltung ihres Namens und Ansehens dauernd erhalten und in einer von vornherein bestimmten Folgeordnung vererbt zu werden".[48]

2.2.2 Versuch einer Umschreibung der Neuzeit

Auf Basis der bundesgerichtlichen Umschreibung und in Würdigung der historischen Entwicklung sowie der geltungszeitlichen Anwendung kann das Fideikommiss m.E. wie folgt spezifiziert werden:

Ein Familienfideikommiss ist ein Sondervermögen ohne Rechtspersönlichkeit, welches durch den Fideikommissar in einer beschränkten Eigentümerstellung[49] gefestigt und verwaltet wird, weder veräussert noch belastet werden darf, einem besonderen ideellen[50] und auch materiellen[51] familiären Zweck ge-

---

45 Vgl. *Salza und Lichtenau von,* Die Lehre von Familien-, Stamm- und Geschlechts-Fideikommissen (1838) 14; *Budinszky*, Abhandlung über einige Rechtsfragen aus dem Gebiete der Fideicommiss-Lehre (1862) 5; *Trampedach*, Das Recht des Fideicommissbesitzes am adligen Güterfamilienfideicommiss (1892) 67-68.

46 BGE 9 I 577 (586).

47 *Sautier*, Die Familienfideikommisse der Stadt und Republik Luzern, Abhandlungen zum schweizerischen Recht, Heft 39 (1909) 434.

48 *Eckert,* Kampf, 23 m.w.H.

49 Der Fideikommissar ist Eigentümer, beschwert jedoch mit verschiedenen Auflagen und beschränkt in seinem Verfügungsrecht, so dass nicht von einer vollständigen Eigentümerstellung ausgegangen werden kann.

50 Streben nach sozialem Ansehen.

widmet ist und zum Schutz vor Zersplitterung des Besitzes einer festgesetzten originären familien- und erbrechtlichen Sukzession folgt.

2.3 Abgrenzungsfragen

2.3.1 Abgrenzung zum Vermächtnis

Das Familienfideikommiss ist nicht nur ein Instrument des Familienrechts, sondern wie dargelegt auch eine besondere Art des erbrechtlichen Vermächtnisses.[52] Im Vermächtnis wird einem Bedachten ein Vermögensvorteil zugewendet.[53] Der Vermächtnisnehmer erlangt aber keine Erbenstellung.[54]

Eine Erinnerung an das honorarrechtliche Familienfideikommiss findet sich heute noch in Art. 484 Abs. 2 ZGB, welcher eine sog. Beauftragung der Erben durch den Erblasser festhält. Diese Beauftragung gilt nicht als eine solche nach dem Auftragsrecht[55], sondern als Hinweis auf das honorarrechtliche Fideikommiss, „durch das der Erblasser der Treue (fides) eines Erben etwas auftragen (committere) konnte [...] und das im justitianischen Recht mit dem zivilrechtlichen Vermächtnis (legatum) zu einem einzigen Rechtsinstitut zusammengefasst wurde“.[56]

Der Vermächtnisgegenstand betrifft nur einzelne Erbschaftsgüter. Beim Familienfideikommiss musste dieser Erbschaftsgegenstand jedoch eine gewisse Qualität aufweisen und einem bestimmten Zweck dienen.[57] Der Vermögenvorteil als Vermächtnisgegenstand muss dagegen keinen Geldwert haben und auch nicht gewinnbringend sein.[58] Ein Fideikommissgut kann somit Vermächtnisgegenstand sein, nicht jeder Vermächtnisgegenstand eignet sich aber zum Fideikommissgut.

Der Fideikommissar übernimmt mit dem Fideikommissgut auch die damit zusammenhängenden Schulden. Dies ist eine Verpflichtung, welche dem Vermächtnisnehmer nicht auferlegt werden kann.

---

51 Förderung der wirtschaftlichen Leistungsfähigkeit.

52 *Weimar*, Berner Kommentar (BK), Band III: Erbrecht[1] (2009) (zitiert: BK ZGB-*Weimar*, Art. 484-486); *Huwiler*, Art. 484-486 ZGB in *Honsell/Vogt/Geiser*, Zivilgesetzbuch II[3], Basel (2007) (zitiert BSK ZGB II-*Huwiler*, Art. 484-486); *Hrubesch-Millaur*, Art. 484-486 ZGB in *Amstutz/Breitschmid/Furrer/Girsberger/Huguenin/Müller-Chen/Roberto/ Rumo-Jungo/Schnyder*, Handkommentar zum Schweizer Privatrecht, Zürich (2007) Schulthess (zitiert CHK *Hrubesch-Millauer,* Art. 484-486 ZGB).

53 Art. 484 Abs. 1 ZGB.

54 Art. 483 Abs. 2 ZGB.

55 Art. 394 ff. ZGB.

56 BK ZGB-*Weimar*, Art. 484 N 1.

57 Das Fideikommissgut muss somit bspw. einen dauernden Ertrag abwerfen können, vgl. *Eckert,* Kampf, 93.

58 BK ZGB-*Weimar*, Art. 484 N 28.

Vermächtnisgegenstand kann auch gar das eigentliche Erbrecht an sich sein. Die Verpflichtung zur Ausrichtung einzelner Gegenstände an einen Dritten i.S. eines Vermächtnisses muss somit nicht nur einzelne Erbschaftsgegenstände, sondern kann auch die Erbschaft als Ganzes umfassen. Der Dritte erhält die Erbschaft so indirekt vom Erben und nicht direkt vom Erblasser wie bei der Erbeinsetzung.[59] Die indirekte Erbeneinsetzung wird als Universalfideikommiss bezeichnet und wird im schweizerischen Recht unter der Nacherbeneinsetzung abgehandelt.[60]

Das Familienfideikommiss dagegen begründet eine feststehende direkte Erbfolge, bei welcher sich „die Nachfolgeordnung lediglich nach dem Willen des Stifters [Fiduziars resp. Erblasser] richtet und der Nachfolger nicht als Universalerbe des letzten Inhabers in das Fideikommiss folgt, sondern unmittelbar den Fiduziar beerbt".[61]

Weiter wird das Vermächtnis im schweizerischen Recht dadurch vom Familienfideikommiss abgegrenzt, dass der Erblasser nur bestimmen kann, dass die Erben dem Vermächtnisnehmer das Vermächtnis auszurichten haben. Dem Vermächtnisnehmer selbst kann keine Pflicht auferlegt werden, dieses wiederum an einen Dritten nach dem Willen des Erblassers auszurichten. Es gibt somit keine Möglichkeit für ein Nachvermächtnis.[62]

2.3.2 Abgrenzung zur Nacherbeneinsetzung

Nicht ohne Grund erinnert die Nacherbeneinsetzung[63] an das klassische Familienfideikommiss. Wurde doch das bisherige Institut der fideikommissarischen Substitution im ZGB unter dem Titel Nacherbeneinsetzung aufgenommen.[64] Im Vergleich zum Familienfideikommiss ergeben sich hier zahlreiche Unterschiede aber auch Gemeinsamkeiten.

Unter der Nacherbeneinsetzung versteht man eine Anordnungen des Erblassers, „in [der] er seinen Nachlass (oder Teile davon) zunächst der einen Person belastet mit Auslieferungspflicht zuweist, während eine andere Person diesen [Nachlass] erst später erhalten soll. Beide Bedachten sind Rechtsnachfolger desselben Erblassers, der Nacherbe ist nicht Erbe des Vorerben".[65] Der Erblasser

---

59 Art 483 Abs. 1 ZGB.

60 BK ZGB-*Weimar*, Art. 484 N 35.

61 *Eckert,* Kampf, 23

62 Art. 488 Abs. 3 ZGB, welcher festhält, dass die einschränkenden Bestimmungen der Nacherbeneinsetzung auch Wirkung für das Vermächtnis erlangen.

63 Art. 488 ff. ZGB.

64 *Huber*, Schweizerisches Zivilgesetzbuch – Erläuterungen zum Vorentwurf. Erster Band – Einleitung, Personen-, Familien- und Erbrecht^2 (1914), Bern (zitiert *Huber*, Erl. I VE-ZGB) 395.

65 *Bessenich,* Vor Art. 488-492 ZGB N 1 in *Honsell/Vogt/Geiser*, Zivilgesetzbuch II^3 (2007) (zit. BSK ZGB II-*Bessenich*, Vor Art. 488-492 N 1), vgl. *Giacometti*, Die Nacherbeneinsetzung als Verfügungsart im Erbvertrag sowie ihre Beschränkung in personeller und ma-

kann so seine Verfügungsmacht ausweiten und bestimmen, was nach dem Tod seines Erben mit seinem Nachlass zu geschehen hat. Der Erblasser kann auch Dritte mit einer Nachverfügung begünstigen.[66] Zeitlich ist die Nacherbeneinsetzung nach Art. 488 Abs. 2 ZGB beschränkt. Dem Nacherben kann nicht dergestalt eine Pflicht auferlegt werden, als wäre er (auch wiederum) ein Vorerbe. Eine unbeschränkte Nacherbeneinsetzung ist im ZGB nicht mehr möglich, die fideikommissarische Substitution somit stark eingeschränkt.

Als Gemeinsamkeiten haftet der Fideikommissar wie der Vorerbe für die Schulden des Fideikommissgutes. Dies im Gegensatz zum oben erwähnten Vermächtnisnehmer.[67] Weiter leiten der Nacherbe wie auch der nachfolgende Fideikommissar seine Rechte direkt vom Erblasser resp. dem Fiduziaren ab. Der Nacherbe tritt somit nicht das Erbe des Vorerben an und der Fideikommissar beerbt nicht den vorhergehenden Fideikommissaren, sondern beide leiten ihre unterschiedlichen Rechte direkt vom ursprünglichen Erblasser ab.

Unterschiedlich ist unter anderem aber die Eigentumsstellung: Der Vorerbe wird voller Eigentümer, wenn auch belastet mit der Auslieferungspflicht an den Nacherben. Der Vorerbe ist somit Träger der Eigentumsrechte und er wird erst durch erbrechtliche Sukzession auf den Nacherben davon befreit.[68] Der Fideikommissar dagegen ist nicht voller Eigentümer, sondern in seiner Eigentumsstellung weitgehend beschränkt. Unterschiedlich ist auch die Funktion des Inventars bei Übernahme der Rechtsstellung. Bei der Nacherbschaft wird damit sichergestellt, dass der Vorerbe der Nachlass wenn auch nicht in seiner Substanz, so doch sicher wertmässig zu erhalten hat.[69] Der Fideikommissar dagegen hat das Fideikommissgut in seiner Substanz zu erhalten und zu bewahren, und nur ein reiner wertmässiger (monetärer) Erhalt ist nicht zulässig.[70]

Das Verbot von Familienfideikommissen und auch die Einschränkung bei der Nacherbeneinsetzung (als Institut der fideikommissarischen Substitution) bezwecken, dass „vor allem eine Refeudalisierung des Eigentums verhindert [werden soll], d.h. sie [sollen] verhindern, dass das Vermögen des Erblassers über Generationen hinweg bestimmten Personen (z.B. jeweils dem ältesten Sohn) zugehalten wird. [...] Die Refeudalisierung kann allgemein durch die zeitliche Begrenzung der Auslieferungspflicht oder durch die Beschränkung der Zahl der Nacherbenfälle verhindert werden“.[71]

---

terieller Hinsicht (1972); BK ZGB-*Weimar*, Art. 488-492; CHK *Hrubesch-Millauer* ZGB 488-492.

66 Vgl. BSK ZGB II-*Bessenich*, Vor Art. 488-492 N 1.

67 Vgl. *Burckhardt*, Die Vermächtnisforderung, Zürcher Studien zum Privatrecht, Bd. 48 (1986) 84 ff.

68 Vgl. BSK ZGB II-*Bessenich*, Vor Art. 488-492 N 2.

69 Art. 490 ZGB.

70 Vgl. BSK ZGB II-*Bessenich*,Vor Art. 490 N 1-5.

71 BK ZGB-*Weimar*, Art. 488 N 11/12.

Ein Familienfideikommiss kann somit als beschränkt[72] unbeschränkte[73] Nacherbeneinsetzung bezeichnet werden.

2.3.3 Abgrenzung zur kollektiven Kapitalanlage

Der materielle Fondsbegriff der neueren Finanzmarktregulierung bringt es mit sich, dass bei Indizien des Bestehens einer kollektiven Kapitalanlage, auch der Anwendungsbereich der entsprechenden Gesetzgebung geprüft werden muss. „Aufsichtsrechtliches Ziel des materiellen Fondsbegriffs ist die Lückenschliessung, also möglichst viele Sachverhalte zu erfassen und dadurch tatsächliche oder vermeintliche Lücken und Umgehungsversuche zum Nachteil der als unmündig angesehenen Investoren auszuschliessen und systemische Risiken jedenfalls zu verringern.“[74]

Das Familienfideikommiss kann nicht als AIF im Sinne der AIFM-RL gelten, da dieses Sondervermögen – besonders auch gestützt auf das Veräusserungs- und Fremdfinanzierungsverbot – ohne Zweifel zu denjenigen der Family Offices[75] zählen dürfte und somit vom Geltungsbereich der Richtlinie ausgenommen sind. Eventualiter liegt im Falle einer Prüfung von Art. 4 Abs. 1 lit. a AIFM-RL auch keine begriffsnotwendige Kapitalbeschaffung vor, da durch den Familienverbund eines Fideikommisses eine bereits bestehende Gruppe nach ESMA/2013/611 vorliegt. Das Fideikommiss fällt somit als Sonderform eines (selbstverwalteten) Family Offices nicht in den Geltungsbereich der AIFM-RL.

2.4 Gegenstand, Begründung und beteiligte Parteien

2.4.1 Vorbemerkungen und Einschränkung

Die beteiligten Parteien eines Familienfideikommisses wurden oft terminologisch gleich bezeichnet, deren Ausgestaltungen waren jedoch höchst unterschiedlich. Aus diesem Grund wird nachfolgend nur in genereller Art und Weise die Funktion der beteiligten Parteien beschrieben.

Als kantonales Beispiel wird jeweils die Regelung des Familienfideikommisses im Kanton Luzern (FKO) herangezogen, kannte doch schweizweit nur die damaligen Stadt und Republik Luzern eine materiellrechtliche Regelung über das Familienfideikommiss, welche am 10. Dezember 1721 erlassen wur-

---

72 Beschränkt daher, weil dem Fideikommissar nicht volles unbeschränktes Eigentum zukommt.

73 Unbeschränkt daher, weil eine unbeschränkte Nacherbeneinsetzung (d.h. inkl. der Verpflichtung nachfolgender Fideikommissare) nur im Rahmen des Familienfideikommisses auferlegt werden kann.

74 *Krause/Klebeck*, Fonds(anteils)begriff nach der AIFM-Richtlinie und dem Entwurf des KAGB, Recht der Finanzinstrumente 2013, 4 (4).

75 E 7 der AIFM-RL.

de.[76] Im bürgerlichen Gesetzbuch von 1837 für den Kanton Luzern hat man die Kompetenz zum Erlass eines eigenständigen Spezialgesetzes zur Regelung der Fideikommiss geschaffen und die zukünftige fideikommissarische Substitution untersagt.[77] Dieses Spezialgesetz sollte den Fortbestand oder den Nichtfortbestand der bestehenden Fideikommisse regeln, wurde jedoch aufgrund des grossen politischen Widerstands nie erlassen. Auch der schweizerische Gesetzgeber hat das Schicksal der bestehenden Fideikommisse bei Erlass der Übergangsbestimmungen des ZGB nicht geregelt. Die FKO aus dem frühen 18 Jh. ist somit mit Geltung für den Kanton Luzern immer noch in Kraft.[78]

2.4.2 Fideikommissgut

Mit dem Begriff Familienfideikommiss wird nicht nur der Begründungsakt, sondern vielmehr auch das fideikommissarisch begründete Sondervermögen (Fideikommissgegenstand) bezeichnet.[79] Dieses Sondervermögen grenzt sich durch das Fehlen der Rechtspersönlichkeit von der Familienstiftung ab. Fideikommissgegenstand kann einschränkend nur sein, was einen dauernden Ertrag erwirtschaften kann, vor allem Grundstücke und entsprechende Einkünfte gewährende Vermögensmassen.[80] „Objekt des Fideikommisses ist meistens ein besonderer Komplex von Rechten und Pflichten, welche in ihrer Gesamtheit eine Einheit bilden."[81]

Diese spezielle Art von Sondervermögen sind heute vor allem im Bereich der kollektiven Kapitalanlagen bekannt, ohne aber wie dargelegt unter den materiellen Fondsbegriff fallen zu können.

Der Begriff Sondervermögen bezeichnet i.d.R. ein Vermögen: „das neben dem übrigen Vermögen eines oder mehrerer Rechtsträger eine rechtliche Sonderstellung hat, ohne dass dieser bereits eine eigene Rechtspersönlichkeit zukommen muss".[82] Weiter eigen ist dem Fideikommiss der besondere Verwen-

---

76 Vgl. *Jenny,* Fideicommiss, 112; *Sautier,* Familienfideikommisse; die FKO findet sich als Abdruck wie auch als Transkription im Anhang.

77 Vgl. *Bühler*, Der Kampf um das Fideikommiss im 19. Jahrhundert, ZSR 1969, 142; *Sautier,* Familienfideikommisse, 32 ff.

78 Vgl. *Steiger*, Die Familienfideikommisse in der Schweiz (1986) 92-93; *Sautier,* Familienfideikommisse , 2-87; *Jenny,* Fideicommiss, 112-114.

79 Vgl. *Hoffmann,* Die Familienstiftung nach schweizerischem Recht und ihr Unterschied vom Familienfideikommiss (1918) 122; *Wildner,* Fideikommiss-Recht, 1-6; *Schweinitz,* Zum Fideikommisswesen der Gegenwart und Zukunft (1904) 7-15; *Luig, Philipp Knipschildt* und das Familienfideikommiss im Zeitalter des Usus modernus in *Helmholz/Zimmermann* (Hrsg), Itinera fiduciae (1998) 361; *Meyer von Schauensee,* Natur, 61-64 und zur Geschichte des Fideikommisses empfehlenswert: *Bühler*, Der Kampf um das Fideikommiss im 19. Jahrhundert, ZSR 1969, 132.

80 Vgl. *Eckert,* Kampf, 93.

81 *Jenny,* Fideicommiss, 95; vgl. *Lewis,* Recht, 36-43 sowie 88-141.

82 *Trippel*, Art. 4 N 10 KAG in *Watter/Vogt/Bösch/Rayroux/Winzeler*, Kollektivanlagengesetz (2009) (zitiert: BSK KAG-*Trippel*, Art. 4 N 10); vgl. BGE 110 II 74 (86).

dungszweck. „Das Familienfideikommiss [soll] den Namen und das Ansehen der Familie, der es gewidmet war, den *splendor familiae et nominis* von Geschlecht zu Geschlecht aufrechterhalten und der Familie eine hervorragende wirtschaftliche und soziale Stellung sichern.“[83] Dieser Verwendungszweck kann nur dadurch verwirklicht werden, als das Sondervermögen unveräusserlich und unbelastbar ausgestaltet wird. Der Fideikommissar kann aufgrund der Anlagerestriktionen keine breite Risikostreuung wahrnehmen, was langfristig den Fortbestand des Fideikommissgutes gefährden konnte. Zudem musste das Sondervermögen einer vorbestimmten Nachfolgeordnung folgen, welche auf einen vorbestimmten Personenkreis beschränkt ist. Verwaltet wird das Fideikommissgut jeweils vom Fideikommissar. Dieser hat somit „ein unentziehbares, selbständiges, auf die Verfügung des Stifters zurückführendes und von dem letzten Inhaber des Familienfideikommisses[84] unabhängiges Recht auf den Fideikommiss“.[85]

Für die Errichtung eines Fideikommisses in Luzern wurden nach § 2-4 FKO an die Fideikommiss-Substanz Anforderungen qualitativer und quantitativer Art gestellt. In qualitativer Hinsicht mussten die Immobilien (sog. liegendes Gut) und die Mobilien (sog. fahrendes Gut) innerhalb der Republiksgrenzen gelegen sein. Die Familiensubstitutionen auf den Immobilien wurde Fideikommisse, diejenigen auf den Mobilien Stipendien genannt. Zweckbestimmt musste das Fideikommissgut dauernden Nutzen (zivile[86] oder natürliche[87] Früchte) abwerfen und durfte dadurch nicht konsumiert werden. In quantitativer Hinsicht dagegen durfte zu Gunsten der direkten Nachkommen bis fünf Prozent des Eigengutes und bis zehn Prozent der Errungenschaft ohne behördliche Genehmigung in einen Fideikommiss eingebracht werden. Mit behördlicher Genehmigung (Ratifikation) konnte darüber hinaus fideikommissarisch verfügt werden.[88]

2.4.3 Fiduziar

Der Fiduziar als Fideikommiss-Begründer wird in der Literatur oft auch (Fideikommiss-) Stifter genannt. Jede handlungsfähige Person, welche über ihr Vermögen letztwillig frei verfügen konnte, war auch befugt ein Familienfidei-

---

83 *Eckert,* Kampf, 23 m.w.H.

84 Hier ist der vorhergehende Fideikommissar und nicht der Fiduziar angesprochen.

85 *Eckert,* Kampf, 23 m.w.H.

86 Nach *Kaser,* Römisches Privatrecht, 93 werden unter den zivilen Früchte (*fructus civiles*, Rechtsfrüchte): „die Erträgnisse, die als Zins durch Vermietung (Verpachtung) von Sachen erzielt werden, aber nicht die Kapitalzinsen (z.B. Darlehenszinsen) subsumiert.“

87 Nach *Kaser,* Römisches Privatrecht, 93 werden unter den natürlichen Früchte (*fructus naturales*): „Sachen [verstanden], [die] durch Bewirtschaftung aus anderen Sachen gewonnen werden: Feld- und Baumfrüchte, Holz, Tierjunge, Haare, Wolle Milch u.s.w.“

88 Vgl. *Sautier,* Familienfideikommisse, 444-448.

kommiss zu errichten.[89] Durch diese Begründung durften jedoch die Pflichtteilsrechte der Erben nicht geschmälert werden.[90]

Jeder Luzerner Bürger konnte nach § 1 FKO ein Fideikommiss errichten, nicht erforderlich war jedoch, dass er in der Republik Luzern auch wohnhaft war. Das heisst eine interkantonale Rechtswahl war möglich. Fideikommissarisch verfügen konnten Männer und Frauen. Der Fideikommiss-Begründer musste jedoch „die zu Vornahme eines gültigen Rechtsgeschäfts nötigen allgemeinen und zu einer letztwilligen Verfügung oder Schenkung unter Lebenden erforderlichen speziellen Rechtseigenschaften besitzen".[91]

2.4.4 Fideikommissar

Der Fideikommissar hat einer älteren Lehrmeinung folgend die besondere Stellung eines (familienrechtlichen) Vermächtnisnehmers inne. Vermächtnisnehmer deshalb, weil er mangels Universalsukzession kraft Gesetz nicht Erbe sein kann. Vermächtnisgegenstand ist das Recht, während einer beschränkten Zeit unter Auflagen Eigentümer des Fideikommissgutes zu sein.[92] Der Fideikommissar ist in seinem Verfügungsrecht eingeschränkt, darf er doch das Fideikommissgut nicht veräussern, da doch ein Verschuldungs- und Teilungsverbot besteht. Belastet werden durften tlw. die Erträge, aber nie die Substanz des Fideikommissgutes. Eine hypothekarische Belastung des Fideikommissgutes war untersagt, da so dessen Fortbestand inhärent gefährdet gewesen wäre.[93]

Eine weitere Lehrmeinung vergleicht die Stellung des Fideikommissars mit einer Nutzniessung. Trotz Ähnlichkeit hinsichtlich Unterhalt und Bewirtschaftung scheidet die Nutzniessung jedoch aus, hat doch der Berechtigte bei Nutzniessungsdienstbarkeit gerade kein Eigentum an der Sache.[94] Die Nutzniessung kann zwar auch an beweglichen Sachen, an Grundstücken, an Rechten oder an einem Vermögen begründet werden[95], ihre Dauer ist jedoch auf 100 Jahre beschränkt.[96] Auch kennt die Nutzniessung einzig ein Rückleistungsrecht[97] und gerade kein Weitergaberecht.

---

89 Vgl. *Eckert,* Kampf, 92; *Lewis,* Recht, 36-43.

90 Vgl. *Eckert,* Kampf, 92-93.

91 *Sautier,* Familienfideikommisse, 434-437.

92 Vgl. *Jenny,* Fideicommiss, 99-100; *Lewis,* Recht, 180-188; *Trampedach,* Recht, 98-126.

93 Vgl. *Salm-Salm,* Die Entstehung des fürstlich Salm-Salm'schen Fideikommisses unter besonderer Berücksichtigung der vor den höchsten Reichsgerichten geführten Prozesse bis zum Pariser Brüdervergleich vom 5. Juli 1771, Ius vivens, Rechtsgeschichtliche Abhandlungen, Band 3 (1996) 13-14; *Lewis,* Recht, 188-222; *Schweinitz,* Fideikommisswesen, 15-29.

94 Art. 745 ff. ZGB.

95 Art. 745 Abs. 1 ZGB.

96 Art. 749 Abs. 2 ZGB.

97 Art. 751 ZGB.

Neuere Lehrmeinungen klassifizieren das altrechtliche Fideikommiss dagegen als geteiltes Eigentum, bestehend aus Ober- und Untereigentum.[98]

In der Republik Luzern waren die Anforderungen an den Fideikommissar zweigeteilt: a) „Fideikommisse konnten zu Gunsten der Erben [...] errichtet werden, wobei die Männer den Weibern vorzuziehen waren“[99] und b) „Der Fideikommissar musste einerseits die vom Stifter verlangte Spezialeigenschaften besitzen und anderseits frei von Unwürdigkeitsgründen sein“.[100] Der Fideikommissar ist beschränkter Eigentümer und nicht nur Nutzniesser. Beschränkt wird sein Eigentum insofern, dass das Fideikommissgut als Sondervermögen mit einem Veräusserungsverbot versehen ist. Zudem wird das Fideikommissgut bei Ableben des Fideikommissars nicht Bestandteil seines Nachlasses, sondern geht auf die in der Sukzessionsordnung genannte Person über.[101]

Allgemein verbietet § 5 FKO die hypothekarische Belastung und auferlegt den Hypothekarbehörden die Pflicht, „keine Hand zur Verschreibung, Verpfändung oder zum Verkaufe des Fideikommissgutes zu geben. Daraus folgt, dass auch der Fideikommissar ohne behördliche Bewilligung zu diesen Handlungen nicht ermächtigt ist“.[102] Die weiteren Rechte und Pflichte eines Fideikommissars leiten sich anschliessend direkt aus dem Stiftungsbrief oder aus der besonderen Art des Fideikommissgutes ab.[103]

2.4.5 Fideikommiss-Anwärter

Die nicht besitzenden Mitglieder des Fideikommisses resp. diejenigen Familienmitglieder, welche nicht die Stellung eines Fideikommissars innehatten, hatten eine unentziehbare dingliche Anwartschaft auf Nachfolge in das Fideikommiss gemäss der festgelegten Nachfolgeordnung.

Unentziehbar deshalb, weil der Fideikommissar nicht über die Anwartschaft verfügen konnte. Dinglich ist das Recht ausgestaltet, weil es nicht nur gegenüber dem Fideikommissar, sondern auch gegenüber Dritten Wirkung hat.[104] Gestützt darauf lassen sich auch Überwachungs- und Mitwirkungsrechte ableiten.[105] Weiter elementar sind die Kontrollrechte der Fideikommiss-Anwärter. Bei der Einsetzung eines neuen Fideikommissars kann von den bestehenden Fideikommiss-Anwärtern die Erstellung eines Inventars verlangt werden. Zudem

---

98 Vgl. *Krauss*, Das geteilte Eigentum im 19. und 20. Jahrhundert, Rechtshistorische Reihe, Bd. 198 (1999) 23; *Strauch*, Das geteilte Eigentum in Geschichte und Gegenwert in *Baumgärtel/Becker/Klingmüller/Wacke* (Hrsg), FS *Heinz Hübner* zum 70. Geburtstag am 7. November 1984 (1984) 273.

99 *Sautier,* Familienfideikommisse, 437.

100 *Sautier,* Familienfideikommisse, 439.

101 Vgl. *Hoffmann,* Familienstiftung, 125.

102 *Sautier,* Familienfideikommisse, 472-473.

103 Vgl. *Sautier,* Familienfideikommisse, 474-481.

104 Vgl. *Eckert,* Kampf, 97-98; *Trampedach,* Recht, 126-133.

105 Vgl. *Lewis,* Recht, 166-175 und 315-320.

können sie beim Gericht Sicherungsmassnahmen erwirken, sollte der Fideikommissar durch schlechte Bewirtschaftung den Fortbestand des Fideikommissgutes gefährden.[106]

Nach *Erwin Steiger* geht es hier richtigerweise um eine Interessenabwägung: „Auf der einen Seite stehen die Interessen des Fideikommissars, der die aus seinem beschränkten Alleineigentum fliessenden Rechte so umfassend und so ungestört wie möglich ausüben möchte, auf der anderen Seite aber die Interessen der Anwärter, die das Kommissvermögen eher unter dem Oberbegriff des Familienvermögens und -eigentums betrachten, da sie voraussichtlich auch begünstigt sein werden".[107] Kann nach Begründung kraft Fideikommissbrief oder bei Ableben des Fideikommissars kein entsprechender Fideikommiss-Anwärter ermittelt werden, spricht *Carl von Salza und Lichtenau* für die Bestellung eines Kurators. Dieser hat alle diejenigen Schritte vorzunehmen, die zur Realisierung des Stifterwillens nötig sind.[108]

Ist die Bestellung eines Kurators möglich, dann sollten m.E. gerade die Fideikommiss-Anwärter auf Auftragsbasis auch einen Protektor bestimmen können, der ihre Interessen gegenüber dem Fideikommissar wahrnehmen kann. Nur so können die Fideikommiss-Anwärter auch der Informations-Asymmetrie gegenüber dem Fideikommissar gerecht werden. Aus diesem Grund spricht vieles dafür, dass die unter Umständen grosser Zahl von Fideikommiss-Anwärtern einen aus ihrer Reihe oder einen Dritten kraft Vollmacht mit der Wahrnehmung der Überwachungs-, Mitwirkungs- und Kontrollrechte beauftragen.

In der Republik Luzern haben die Fideikommiss-Anwärter gestützt auf ihre Anwartschaft gar ein Einspruchsrecht „gegen jede widerrechtliche Handlung des Fideikommissar [...], welche dem Stifterwillen entgegen und ihrer [Anwartschaft] nachteilig ist".[109] Luzern kennt somit eine weite Auslegung der Überwachungs-, Mitwirkungs- und Kontrollrechte und auch Dritte konnten mit der Wahrnehmung dieser Rechte beauftragt werden.

2.4.6 Verbriefung des Fideikommisses

Familienfideikommisse wurden gestützt auf eine ausdrückliche Willenserklärung des Stifters begründet, „diese konnte sowohl eine ein- oder zweiseitige letztwillige Verfügung als auch ein ein- oder zweiseitiges Rechtsgeschäft unter Lebenden sein. Einzelne Partikularrechte enthielten [für die Begründung eines Fideikommisses] einschränkende Regelungen".[110] Allgemein wurde Schrift-

---

106 Vgl. *Jenny,* Fideicommiss, 103; *Eckert,* Kampf, 98-99.
107 *Steiger,* Familienfideikommisse, 36.
108 Vgl. *Salza und Lichtenau von,* Fideikommisse, 93, 203 Fn. 3.
109 *Sautier,* Familienfideikommisse, 482.
110 *Eckert,* Kampf, 95.

lichkeit vorgeschrieben, tlw. wurde auch die Mitwirkung des Staates – sei es durch Genehmigung oder durch gerichtliche Bestätigung – vorgeschrieben.[111]

Der Fideikommissbrief hatte in der Republik Luzern konstitutiven Charakter und war nicht nur reine Beweisurkunde. Die FKO regelt das Fideikommiss nach den Prinzipien des Erbrechtes, wobei dort letztwillige Verfügungen nur in schriftlicher Form Gültigkeit erlangen konnten. Zudem wurde in Luzern unter bestimmten Voraussetzungen die hoheitliche Ratifikation des Fideikommisses als zwingend erklärt.[112]

2.4.7 Grafische Darstellung Familienfideikommiss und beteiligte Parteien

Das Familienfideikommiss und die beteiligten Parteien können in seiner klassischen Ausprägung wie folgt dargestellt werden:

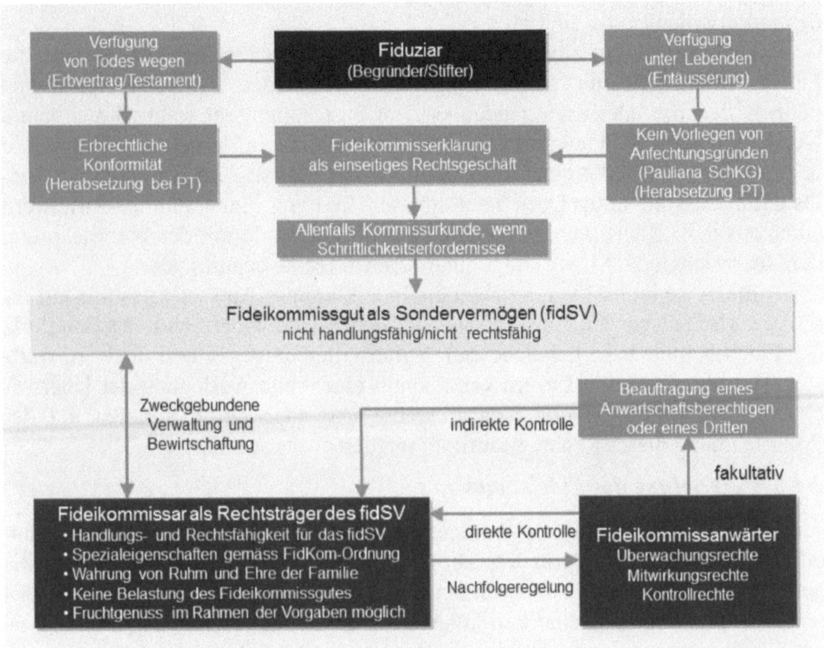

Abb. 1: Klassische Darstellung des Familienfideikommisses (eigene Darstellung).

[111] Vgl. *Eckert,* Kampf, 95 m.w.H.
[112] *Sautier,* Familienfideikommisse, 450-452.

2.5 Verbot der Neuerrichtung

2.5.1 Vorbemerkungen zur Entstehungsgeschichte

Erst durch die Abänderung der Bundesverfassung im Jahre 1898 hat der Bund auf dem ganzen Gebiet des Zivilrechts eine umfassende Gesetzgebungskompetenz erhalten.[113] Da das im Jahr 1881 in Kraft getretene Obligationenrecht nur auf geringen föderalistischen Widerstand stiess, konnten die Bestrebungen zur Kodifikation des Zivilrechts, einer noch grösseren Rechtseinheit als das Obligationenrecht, fortgesetzt werden.[114]

Als Vater des ZGB gilt *Eugen Huber*[115]. Dieser hatte unter dem Titel „System und Geschichte des schweizerischen Privatrechts" die verschiedenen kantonalen Privatrechtsordnungen zusammengestellt. Die Beschäftigung mit den kantonalen zivilrechtlichen Kodifikationen war für *Eugen Huber* auch Gelegenheit, sich mit den bestehenden kantonalen Unterschiedlichkeiten auseinanderzusetzen. Die grösste Herausforderung war für ihn die Synthese der unterschiedlichen rechtlichen Grundhaltung in den Gesetzbüchern der Westschweiz, welche vom französischen *Code Civil* geprägt waren, verglichen mit den innerschweizerischen Kodifikationen, welche im lokalen Recht des Mittelalters wurzelten und die Vertragsfreiheit des Individuums stark einschränkten.[116]

Das ZGB ist nach *Pio Caroni* an einem solidarischen Grundmodell ausgerichtet. Wollte man doch mit der Kodifikation nicht einseitig die Mitglieder einer Klasse oder einer gesellschaftlichen Gruppe begünstigen. Allen Adressaten

---

113 Durch eine Volksabstimmung vom 21. Dezember 1898 wurde Art. 64 BV 1874 dahingehend geändert, dass der Bund auch zur Gesetzgebung auf dem übrigen Gebiete des Zivilrechts befugt wurde. In der BV 1874 stand dem Bund erstmals die Gesetzgebung zu über a) die persönliche Handlungsfähigkeit, b) über alle auf den Handel und Mobiliarverkehr bezüglichen Rechtsverhältnisse (Obligationenrecht, mit Inbegriff des Handels- und Wechselrechts), c) über das Urheberrecht an Werken der Literatur und Kunst und d) über das Beitreibungsverfahren und das Konkursrecht. Die Gesetzgebungskompetenz für den politisch heiklen Teil des Zivilrechts wurde erst 24 Jahre später legiferiert, da diese gewichtige Kompetenz zu Gunsten des Bundes von den westschweizerischen und auch den innerschweizerischen Kantonen getragen werden musste. Die Entstehungsgeschichte des Zivilgesetzbuches wird bei *Bucher*, Der Weg zu einem einheitlichen Zivilgesetzbuch, Rabels Zeitschrift für ausländisches und internationales Privatrecht 2008, 661 (661) detailliert aufgezeigt.

114 Vgl. *Dölemeyer*, Nationale Rechtsvereinheitlichung Schweiz in *Coing* (Hrsg), Handbuch der Quellen und Literatur der neueren europäischen Privatrechtsgeschichte – Veröffentlichung des Max-Planck-Instituts für Europäische Rechtsgeschichte (1982) 1961 (1978).

115 Lesenswert zu Leben und Werk dieses bedeutenden Schweizer Juristen der Aufsatz *Guhl*, *Eugen Huber* in *Schulthess* (Hrsg), Schweizer Juristen der letzten hundert Jahre (1945) 323.

116 Vgl. *Liver*, Das schweizerische Zivilgesetzbuch Entstehung und Bewährung, ZSR 1962, 9 (20).

sollte eine optimale Selbstentfaltung ermöglicht werden. Die Wünsche des Bürgertums fanden nach *Pio Caroni* jedoch besondere Berücksichtigung.[117] Überall konnte sich das Bürgertum jedoch nicht durchsetzen, was insb. das Verbot der Neuerrichtung der Familienfideikommisse aufzeigen soll. Hält doch Art. 335 Abs. 2 ZGB fest: „Die Errichtung von Familienfideikommissen ist nicht mehr gestattet". Wie es zu diesem eidgenössischen Kompromiss kam, soll nachfolgend aufgezeigt werden.

2.5.2 Vorentwurf des Zivilgesetzbuches von 1900

Eugen Huber erläutert in seinem Werk der kantonalen Privatrechtskodifikationen zum Fideikommiss, dass deren Gegenstand vor allem in Grundstücken oder dauernden Renten bestehe. Zumindest musste das Fideikommissgut eine dauernde, über Generationen hinweg hin- und ausreichende Nutzung zulassen. Der Fideikommissar wurde Eigentümer, „war aber beschränkt in der Verfügung über das Gut, indem er zugleich Kaution für dessen Erhaltung stellen musste und dasselbe nicht veräussern oder belasten durfte. Andere Dispositionen waren entweder ungültig oder nur für die Dauer des Rechtes des Disponierenden rechtskräftig. Erlosch die Familie des Stifters, so erhielt der Letzte seines Stammes freie Verfügungsgewalt".[118]

In dem von *Eugen Huber* im Auftrag des EJPD verfassten Vorentwurf des ZGB vom 15. November 1900 wird das Fideikommiss gestützt auf seine Forschungen gleichberechtigt neben den Familienstiftungen aufgeführt:[119]

---

117 Vgl. *Caroni*, „Privatrecht": eine sozialhistorische Einführung, Das Recht in Theorie und Praxis (1988) 92.

118 *Huber*, System und Geschichte des schweizerischen Privatrechtes, Bd. 4 (1893) (zitiert *Huber*, System IV) 627.

119 Vgl. *Huber*, Schweizerisches Zivilgesetzbuch – Erläuterungen zum Vorentwurf. Zweiter Band – Sachenrecht und Text des Vorentwurfes vom 15. November 1900 (1914), Bern (zitiert *Huber*, Erl. II VE-ZGB) 556; da sich der dritte Untertitel (III. Vermögenszerfall) einzig den Familienstiftungen widmet, wird Art. 364 VE-ZGB hier nicht abgedruckt. Hier wollte *Eugen Huber* regeln, dass die Gläubiger eines Begünstigten einer der wirtschaftlichen Förderung der Familie gewidmeten Familienstiftung die Auflösung derselben verlangen können, sollte der Begünstigte insolvent geworden sein. Beim Fideikommiss sei nicht nur ein Begünstigter selbst sondern die ganze Familie in ihrer Existenz vom Familienfideikommiss abhängig, weshalb nicht bei Vermögenszerfall eines Familienmitgliedes auf Auflösung des Fideikommisses geklagt werden könne. Diesem Gedanken folgend hat *Eugen Huber* auch bei Familienstiftungen, welche nicht einem wirtschaftlichen, sondern einem ideellen Zwecke folgen, die Möglichkeit zur Auflösungsklage durch einen Gläubiger eines Begünstigten der Stiftung untersagt, vgl. *Huber*, Erl. I VE-ZGB, 274-275.

Dritter Abschnitt – Das Familienvermögen
A. Familienstiftungen und Familienfideikommisse

I. Die Begründung
Art. 362 VE-ZGB
[1]Ein Vermögen kann dauernd mit einer Familie dadurch verbunden werden, dass eine Familienstiftung oder ein Familienfideikommiss nach den Regeln des Personenrechts[120] oder des Erbrechts[121] errichtet wird.
[2]Die Kantone sind befugt, die Errichtung von Familienstiftungen und Familienfideikommissen zu beschränken oder zu untersagen.

II. Aussterben der Berechtigten
Art. 363 VE-ZGB
[1]Stirbt die an einer Stiftung oder an einem Fideikommiss beteiligte Familie aus, so fällt das Vermögen mit dem Tode des letzten Berechtigten an den Heimatkanton des Begründers und ist, wenn es Zwecken gedient hat, die den öffentlichen Aufgaben des Gemeinwesens entsprechen, möglichst zweckentsprechend zu verwenden.
[2]Entgegenstehende Verfügungen sind ungültig.

Die Sympathien von *Eugen Huber* für das Familienfideikommiss kommen auch in den Erläuterungen zum VE-ZGB zum Ausdruck. Führt er doch aus, dass kein Grund vorläge, die Errichtung solcher Familiengüter im einheitlichen Recht einfach und allgemein zu verbieten. „Die sozialen Anschauungen unserer Bevölkerung sind u.E. an und für sich schon kräftig genug, um ein Überwuchern des geschlossenen Familienbesitztums unmöglich zu machen, und einer bloss gelegentlichen Ausnahme, wenn da und dort ein Familienfideikommiss neu begründet würde, könnten wir eine gefährliche Wirkung niemals zuschreiben. Es wird im Gegenteil nur von guter Folge sein, wenn dergestalt eine Aufspeicherung ökonomischer Kräfte im Besitze einzelner Familien den Wohlstand des Landes im allgemein vermehrt.“[122]

In seinen Erläuterungen zum VE-ZGB hat *Eugen Huber* zudem seine anfänglich liberale Definition[123] des Familienfideikommisses eingeschränkt, so dass neu die erbrechtlichen Pflichtteilsregeln Anwendung finden sollen, nicht aber

120 Nach Art. 81 ZGB kann die Stiftung durch eine öffentliche Urkunde oder durch Verfügung von Todes wegen errichtet werden.
121 Ist doch der Erblasser nach Art. 493 ZGB befugt, den verfügbaren Teil seines Vermögens ganz oder teilweise für irgendeinen Zweck als Stiftung zu widmen.
122 *Huber,* Erl. I VE-ZGB, 245.
123 Vgl. *Huber,* System IV, 627.

das Verbot der Nacherbeneinsetzung.[124] „Das Familienfideikommiss kann also eine beliebige Zahl von Nacherben enthalten, indem die Familie in der Reihenfolge der Generationen als Ganzes, gewissermassen als Erbe und Nacherbe erscheint.“[125]

Eugen Huber wollte es mit Art. 362 Abs. 2 VE-ZGB zudem der Hoheit der Kantone überlassen, ob diese die beiden Institute[126] beschränken oder gar verbieten wollen.[127] Mit diesem Strategem[128] wollte er den potentiellen Widerstand der Kantone gegen eine gesamtschweizerische Kodifikation des Fideikommisses eindämmen. Der Vorbehalt zu Gunsten der kantonalen Gesetzgebung erfolgte aus zweierlei Gründen: Einerseits aufgrund des engen Zusammenhanges der jeweiligen Materie mit dem kantonalen öffentlichen Recht und anderseits deshalb, weil teilweise die Materie nur lokale Bedeutung hatte und somit nicht auf Bundesebene geregelt werden sollte.[129]

2.5.3 Protokoll der ZGB-Expertenkommission 1901-1903

Der VE ZGB von *Eugen Huber* wurde 1902 zusammen mit den von ihm verfassten Erläuterungen veröffentlicht. Eine Expertenkommission bestehend aus 34 Personen[130] wurde gebildet, welche die verschiedenen Landesteile,

---

124 Vgl. *Huber,* Erl. I VE-ZGB, 245-246.

125 *Huber,* Erl. I VE-ZGB, 246, *Eugen Huber* war somit sehr wohl der Ansicht, dass das Familienfideikommiss nur in reformierter Form Eingang in das Gesetz finden sollte.

126 Familienstiftung und Familienfideikommiss.

127 Vgl. *Huber,* Erl. I VE-ZGB, 274; Wenn diese Institute durch die Kantone jedoch gebilligt würden, so müsse nach *Eugen Huber* der VE-ZGB doch einige Vorschriften zum Verhältnis zu Dritten erlassen. Besonders die Regelung Art. 363 VE-ZGB war ihm wichtig, waren doch zur damaligen Zeit die Gerichte oft mit der Frage beschäftigt, an wen das Vermögen bei Aussterben der Anteilseigener fallen soll. Diese Fragen sollen nach *Eugen Huber* zukünftig ausgeschlossen werden, „indem im Sinne einer absoluten Regel der Anfall an den Heimatkanton des Begründers verfügt wird, unter der Verpflichtung einer möglichst zweckentsprechenden Verwendung“ *Huber,* Erl. I VE-ZGB, 274.

128 Nach dem Juristen und Sinologen *Harro von Senger* liegt Bedeutung vom Wort Strategem im altgriechischen *strategema* und bedeutet „im allgemeinen Sinn Feldherrntätigkeit und im besonderen Sinne Kriegslist“ *Senger von,* Strategeme[12], Bd. 1 (2003) 18. Es handelt sich hier m.E. um das chinesische Strategem Nr. 17: „Einen Backstein hinwerfen, um einen Jadestein zu erlangen.“ Nach *Harro von Senger* in der zusammenhängenden Übersetzung definiert als List, jemanden etwas Entbehrliches zu geben, um dafür später etwas Wertvolleres zu gewinnen (Köder-Strategem) vgl. *Senger von,* Strategeme I, 344-408. *Eugen Huber* hat somit die zahlreichen Vorbehalte zu Gunsten der Kantone auch deshalb in die Kodifikation des Zivilrechtes aufgenommen, um damit das Werk als Gesamtheit nicht zu gefährden.

129 Vgl. *Mertens*, Gesetzgebungskunst im Zeitalter der Kodifikationen: Theorie und Praxis der Gesetzgebungstechnik aus historisch-vergleichender Sicht (2004) 349.

130 Die Gruppe von 34 Personen bestand aus 31 Experten sowie aus drei Spezialexperten für das Personen- und Familienrecht, das Erbrecht und das Sachenrecht. Eine guten Überblick über die Herkunft und den Hintergrund der jeweiligen Experten, welche in Vertreter

Rechtsgebiete und auch Interessenkreise vertreten sollte und durch den BR eingesetzt wurde. Als Referent wurde wiederum *Eugen Huber* eingesetzt. Auch in der Redaktionskommission war dieser ein Mitglied. In vier Sessionen wurde der VE-ZGB beraten. Das Personen- und Familienrecht in Luzern, das Vormundschafts- und Erbrecht in Neuenburg, der erste Teil des Sachenrechts in Zürich und der zweite Teil des Sachenrechts in Genf.[131]

Geplant war die Beratung des Familienvermögens ursprünglich anlässlich der ersten Session in Luzern. Auf Antrag von Bundesrichter *Emil Rott* (BE) wurde jedoch am letzten Sitzungstag in Luzern beschlossen, dass der Abschnitt des Familienvermögens auf das Erbrecht (und somit auf die zweite Session in Neuenburg) zu verschieben sei.[132] Die Beratung des gewichtigen Themenkomplexes des Familienvermögens wurde so von einem Kanton mit starken Einschränkungen der Vertragsfreiheit zu einem stark individualistisch ausgestalteten Kanton verschoben.

Am 12. März 1902 fand unter dem Vorsitz des Präsidenten des BGer *Johann Winkler* (LU) in Neuenburg die neunte Sitzung der zweiten Session statt.[133] Als Befürworter der Familienstiftung tritt KR *Albert Schneider* (ZH) auf. Er weist auf das segensreiche Wirken von Familienstiftungen im Kanton Zürich hin und will keinen Kantonsvorbehalt im ZGB, welche die Neuerrichtung verunmöglichen könnte.[134] SR *Arthur Hoffmann* (SG) dagegen hält fest, dass die Nachteile der Familienstiftungen in St. Gallen für so erheblich betrachtet worden seien, dass man das diesbezügliche Verbot gar in die kantonale Verfassung aufnahm. Wörtlich *Arthur Hoffmann*: „Es ist eine tief eingewurzelte Überzeugung im Kanton St. Gallen, dass dieses Institut schädlich wirkt“.[135] Gleich ableh-

der Lehre, der juristischen Praxis, als Interessenvertreter und als Vertreter der Verwaltung unterteilt werden können, findet sich bei *Dölemeyer,* Rechtsvereinheitlichung in *Coing,* 1980-1982 sowie inkl. CV bei *Reber/Hurni/Schwizer*, Materialien zum Zivilgesetzbuch, Bd. 3 (2013) 1875-1894.

131 Vgl. *Dölemeyer,* Rechtsvereinheitlichung in *Coing,* 1980-1982.

132 Vgl. *Reber/Hurni/Schwizer,* Materialien ZGB III, 426.

133 Vgl. *Reber/Hurni/Schwizer,* Materialien ZGB III, 600 ff. nicht anwesend waren neben BR *Ernst Brenner* auch der Experte *Adalbert Wirz* (OW). Die Kantone Nidwalden und Obwalden bildeten die Gebietseinheit Unterwalden, welche zusammen mit den Kantonen Uri und Schwyz als einer der drei Gründungskantone der schweizerischen Eidgenossenschaft angesehen wird. Siehe zu diesem geschichtlichen Hintergrund *Schaffer*, Abriss der Schweizer Geschichte[15] (1992) 21–37. Ohne Zweifel kann *Adalbert Wirz* somit als Befürworter des Familienfideikommisses angesehen werden, der an dieser Sitzung jedoch nicht teilnehmen konnte.

134 Vgl. *Reber/Hurni/Schwizer,* Materialien ZGB III, 606 Rz. 5476.

135 *Reber/Hurni/Schwizer,* Materialien ZGB III, 606 Rz. 5477; Die Kritik am Fideikommiss geht auch in der Schweiz schon weit zurück, wurde doch schon in einem eidgenössischen Abschied im Jahre 1695 vor allem aus fiskalischen Gründen und aus Gründen des Gläubigerschutzes das Verbot der Fideikommisse empfohlen und für die ennetbirgischen Vogteien im Kanton Tessin auch festgesetzt: „Den Obern wird empfohlen, die Aufhe-

nend auch NR *Alfred Fehr* (TG), welcher nicht nur die Familienstiftungen sondern auch die Familienfideikommisse verbieten möchte. Das Familienfideikommiss bedeutet nach seiner Ansicht die „Übergabe an eine tote Hand und [dies sei] ein plutokratisches, undemokratisches Institut".[136] Konsequenterweise verlangt er somit das Verbot neuer Familienfideikommisse. KR *Albert Brosi* (SO) verweist gar auf die Verfassung der Helvetik[137], worin man die Familienfideikommisse untersagt habe. Auch in Solothurn sehe man darin „ein aristokratisches Überbleibsel aus früherer Zeit".[138]

Vermittelnd Bundesrichter *Franz Schmid* (UR), der festhält, dass „die Anschauungen über die Nützlichkeit der Fideikommisse sich ändern [können] und ein Zivilgesetzbuch für längere Zeit geschaffen werde".[139] Zudem weisst er darauf hin, dass es wohl kaum einen Unterschied zwischen Familienfideikommiss und Familienstiftung gebe. Beide gehören seiner Meinung nach zur selben Art und seien nur verschiedene Spezies derselben und weiter: „wolle man konsequent sein, so müsse man [neben dem Familienfideikommiss] auch die Familienstiftung verbieten".[140]

Referent *Eugen Huber* schliesst sich diesen Ausführungen an und verweist auf das Unvermögen, im Gesetz zwischen Familienstiftung und Familienfideikommiss unterscheiden zu können. Das Familienfideikommiss sei nach einer verbreiteten Theorie überhaupt [auch] eine Stiftung. „Die Existenz der Familienfideikommisse und Stiftungen [bietet] in bescheidenen Grenzen für die Konservierung des nationalen Wohlstandes manchen Vorteil, jedenfalls liege ein privatrechtlicher Grund zur allgemeinen und absoluten Untersagung nicht vor: Ob [dagegen] ein öffentlich-rechtlicher, sozialpolitischer Grund hierzu vorliege,

---

bung oder doch die Einschränkung der vielen Fideicommisse zu verfügen, weil dadurch viele Gläubiger und auch der obrigkeitliche Fiskus in Schaden kommen, und die Gewissheit, dass die Fideicommissgüter den Erben der Fideicommittirten nicht entzogen werden, die Unterthanen oft zu allerlei Bosheiten und Schandthaten verleitet. Bei dem grössten Theil der Unterthanen fruchtet die Furcht des Verlustes der Güter mehr, als die Furcht; die Gebote Gottes zu übertreten." *Jenny,* Fideicommiss, 131, vgl. *Bühler,* Kampf, 142; *Eckert,* Kampf, 160.

136 *Reber/Hurni/Schwizer,* Materialien ZGB III, 606 Rz. 5478-5479.

137 Zur Helvetik *Schaffer,* Abriss, 108-111; die helvetische Staatsverfassung vom 12. April 1798 kannte als Haupt-Grundsatz Nr. 13: „Kein liegendes Gut kann unveräusserlich erklärt werden, weder für eine Korporation, oder für eine Gesellschaft, noch für eine Familie; das ausschliessliche Recht, liegende Güter zu besitzen führt zur Sklaverei" *Oechsli,* Quellenbuch zur Schweizergeschichte[2] (1918) 454.

138 *Reber/Hurni/Schwizer,* Materialien ZGB III, 606-607 Rz. 5480-5481.

139 *Reber/Hurni/Schwizer,* Materialien ZGB III, 606-607 Rz. 5480-5481.

140 *Reber/Hurni/Schwizer,* Materialien ZGB III, 607 Rz. 5484, *Franz Schmid* als Richter am BGer hat im Übrigen den konservativen Heimatkanton Uri, was bezogen auf die seiner Ansicht nach segensreichen Familienfideikommisse seine Brandrede zu Gunsten dieses Vehikels mehr als nachvollziehen lässt.

könne das Privatrecht nicht entscheiden. Deshalb sei [der Vorbehalt zu Gunsten der Kantone in Art. 362 Abs. 2 VE-ZGB] eingefügt worden."[141]

Der Präsident des NR *Fritz Bühlmann* (BE) hielt dagegen fest, dass die bestehenden Familienfideikommisse und auch die Stiftungen aufrechtzuerhalten seien. Für Neugründungen von Familienstiftungen habe eine Beschränkung zu erfolgen und die Gründung nur für bestimmte Zwecke zuzulassen.[142] Dieser Vorschlag wird breit unterstützt, auch vom Vertreter aus dem Kanton Luzern *Alois Sigrist* der nochmals auf die geistige und ökonomische Besserstellung des Bauernstandes seit der Helvetik hinweist.[143] NR *Virgile Rossel* (BE) hielt zudem noch fest: „L'avant project interdit entre un fidéicommis ordinaire et un fidéicommis de famille est trop uncertaine pour que l'on puisse admettre ce dernier qui étend la substitution à l'infini".[144]

Der Antrag von NR *Fritz Bühlmann* auf Belassung der Familienstiftungen unter Einschränkung auf gewisse Zwecke und auf das Verbot von neuen Familienfideikommissen wird durch die Expertenkommission einstimmig angenommen.[145] Die Art. 363 und 364 VE-ZGB werden zudem gestrichen, da auch Referent *Eugen Huber* ausführt, dass beide Artikel nach der Anpassung von Art. 362 VE-ZGB doch nur sehr geringe Bedeutung haben werden.[146]

Das Familienfideikommiss wurde somit geopfert, damit die modifizierte Familienstiftung im ZGB beibehalten werden konnte. Die Modifikation erfolgte auch deshalb, weil man nicht wollte, dass auf dem Umwege der Familienstiftung, wirtschaftlich derselbe Zweck wie mit einem Familienfideikommiss er-

---

141 *Reber/Hurni/Schwizer,* Materialien ZGB III, 608 Rz. 5487.

142 Vgl. *Reber/Hurni/Schwizer,* Materialien ZGB III, 608 Rz. 5489.

143 Vgl. *Reber/Hurni/Schwizer,* Materialien ZGB III, 609 Rz. 5490-5491. *Alois Sigrist* als Präsident des luzernischen Bauernverbandes hat m.E. unbelastet auf das Familienfideikommiss und auch die Familienstiftung verzichten können. Gab es doch zu Gunsten des Bauernstandes im Erbrecht des ZGB sehr ähnliche Privilegien, welche im Rahmen der Gesetzgebung noch gestärkt wurden. Die Erbteilung hatte gesondert stattzufinden, wenn sich landwirtschaftliche Grundstücke oder Heimwesen in der Erbmasse befanden. Die Kantone konnten ein Zerstückelungsverbot von solchen Gütern einführen und auch Teilungsvorschriften (insb. Anspruch auf ungeteilte Zuweisung) aufstellen. Zur geschichtlichen Entwicklung des bäuerlichen Erbrechts vgl. *Beeler*, Bäuerliches Erbrecht gemäss dem Bundesgesetz über das bäuerliche Bodenrecht (BGBB) vom 4. Oktober 1991, Zürcher Studien zum Privatrecht, Bd. 140 (1998) 37-48. Gl.M. wie der Verfasser auch *Fritz Baur*, welche in seinem Aufsatz in der FS *Peter Tuor* die verwandten Züge des insb. landwirtschaftlichen Erbrechtes (Institut der Integralzuweisung) mit dem Familienfideikommiss aufzeigt, vgl. *Baur*, Fideikommissähnliche Unternehmensbindungen in *Böckli/Eichenberger/Hinderling/Tschudi* (Hrsg), FS *Frank Vischer* zum 60. Geburtstag (1983) 515 (516). Zudem kannte Luzern ein Verbot der fideikommissarischen Substitution, vgl. *Bühler,* Kampf, 142; *Sautier,* Familienfideikommisse, 32 ff.

144 *Reber/Hurni/Schwizer,* Materialien ZGB III, 609 Rz. 5493.

145 Vgl. *Reber/Hurni/Schwizer,* Materialien ZGB III, 610 Rz. 5501.

146 Vgl. *Reber/Hurni/Schwizer,* Materialien ZGB III, 610 Rz. 5503-5513.

reicht wird. Familienstiftungen sollen zudem nur noch für bestimmte löbliche Zwecke errichtet und die Unterhaltsstiftung allgemein untersagt werden.[147]

2.5.4 Botschaft des Bundesrates zum ZGB 1904

In der BO ZGB nun wird die Errichtung neuer Familienfideikommisse ausgeschlossen. Dies jedoch nur soweit nicht die eigentliche Nacherbeneinsetzung[148] gestattet ist. Der Expertenkommission folgend hat es der BR weiter nicht als dringlich angesehen, die Rechtsfragen bei Aussterben der Berechtigten von Stiftungen oder Fideikommissen (Art. 363 VE-ZGB) sowie auch die Rechtsfragen beim Vermögenszerfall im Rahmen von Familienstiftungen mit wirtschaftlichem Zweck (Art. 364 VE-ZGB) bundesrechtlich zu regeln.[149]

Nach *August Egger* sollten mit dem Verbot „nicht nur diese Rechtsformen, sondern der durch sie bewirkte Erfolg, die dauernde Vermögensbindung (die tote Hand) und eine ökonomische Sicherung der Angehörigen auf Generationen hinaus, getroffen werden".[150] Art. 335 ZGB statuiert eine Zweckbeschränkung in zweifacher Hinsicht: „zum einen in personeller Hinsicht, indem der Destinatärenkreis auf Familienangehörige beschränkt wird, und zum andern in sachlicher Hinsicht über den (abschliessenden) Katalog zulässiger Zwecke (Erziehung, Ausstattung, Unterstützung und ähnliche Zwecke)".[151]

Somit wurde mit dem Verbot der Neuerrichtung von Familienfideikommissen ein materielles Verbot und nicht nur eine formelle Einschränkung bezweckt.

---

147 Vgl. *Gerhard*, Die Familienstiftung nach ZGB, ZSR 1930, 137 (139), *Bösch*, Liechtensteinisches Stiftungsrecht[1] (2005) 115 m.w.H., wurden mit BGE 71 I 265 und BGE 73 II 81 (86) doch sog. Unterhaltsstiftung in der Schweiz für nichtig erklärt und das Vermögen kraft Urteil dem Stifter zurückgeführt. Die vorbehaltlose Gewährung des Unterhaltes an Familienangehörige ist nach Art. 335 Abs. 1 ZGB nicht möglich, vgl. *Künzle*, Familienstiftung - Quo vadis? in *Breitschmid/Portmann/Rey/Zobl* (Hrsg), Grundfragen der juristischen Person (2007) 173 (184).

148 Im Umkehrschluss könnte das gar bedeuten, dass die Begründung neuer Familienfideikommisse nicht gänzlich verboten, sondern bei Beschränkung auf einen Nacherben in den Schranken von Art. 488 ZGB weiterhin möglich wäre. Diese Interpretation der BO ZGB von jedoch keinen Niederschlag in Lehre und Rechtsprechung.

149 Vgl. BO ZGB, 42.

150 *Egger*, Das Familienrecht (Art. 252-359 ZGB), Kommentar zum Schweizerischen Zivilgesetzbuch, II.2 (1943) 368 Rz. 14, bestätigt in BGer 5C.9/2001 E3b in diesem BGE wurde erneut festgehalten wurde, dass Familienstiftungen, „die den Begünstigten Vorteile aus dem Stiftungsvermögen ohne besondere, an eine bestimmte Lebenslage anknüpfende Voraussetzungen einfach deshalb zukommen lassen, um ihnen eine höhere oder angenehmere Lebenshaltung zu gestatten, [...] den Familienfideikommissen gleichgestellt [werden] und [deshalb] unzulässig [sind]."

151 *Opel*, Hat die schweizerische Familienstiftung ausgedient? Jusletter 31. August 2009, 1 (2-3 Rz. 5).

2.5.5 *Parlamentarische Beratung in der Bundesversammlung*

Behandelnder Erstrat der BO ZGB war der Nationalrat. Der Abschnitt Familienvermögen (Art. 345-358 E-ZGB) wurde am 28. Juni 1905 behandelt. Referent *Eugen Huber* lässt nicht unerwähnt, dass der Unterschied zwischen Familienfideikommiss und Stiftung für ihn nicht klar sei, für denselben Zweck könne ebenso ein Fideikommiss als auch eine Stiftung errichtet werden. Seiner Auffassung nach werde derjenige, „der in der gewünschten Weise verfügen will, die Form der Stiftung wählen [...]".[152] Weitaus energischer dann die Brandrede von Referent *Vincent Gottofrey*; seiner Meinung nach besteht sehr wohl ein Unterschiede zwischen den beiden Instituten, als Hauptunterschied nennt er: „le fidéicommis a pour conséquence l'inaliénabilité perpétuelle de l'immeuble soumis à cette charge. Le fidéicommis est au fond une substitution fidéicommissaire à l'infini et conduit au rétablissement des biens de main-morte. Il n'en est pas de même pour les fondations de famille".[153] Beide Referenten empfehlen dem Rat jedoch die Annahme. Dieser folgt stillschweigend den Anträgen der Kommission.[154] Der Nationalrat hat sich einstimmig für das Verbot der Neuerrichtung der Familienfideikommisse ausgesprochen.

Der Ständerat als Zweitrat behandelte die Vorlage resp. den dritten Abschnitt der Familienvermögen erst am 7. Dezember 1905. Als Berichterstatter der Kommission sprach *Arthur Hoffmann* und er verhehlte seine Abneigung nicht, sagte er doch: „dass man den Fideikommissen im 20. Jh. nicht mehr von Bundeswegen die Tür offen hält, ist gewiss nicht zu bedauern. Eine derartige Bindung von Vermögen in toter Hand, noch dazu mit Zweckbestimmungen, welche vom Standpunkte der Allgemeinheit aus mindestens anfechtbar sind und erfahrungsgemäss wenig erbauliche Früchte zeitigen, passt nicht mehr in unsere Zeit hinein".[155] Antragsgemäss wurde der Abschnitt Familienvermögen auch im Ständerat einstimmig angenommen und das Verbot der Neuerrichtung der Familienfideikommisse bestätigt.[156]

2.5.6 *Verabschiedung und Inkrafttreten des ZGB*

Die eidgenössischen Räte verabschiedeten das ZGB am 10. Dezember 1907. Bei seinem Inkrafttreten 1912 war es das modernste Privatrechtsgesetzbuch Europas. Das ZGB gilt bis heute als eines der grössten Werke der privatrechtlichen Gesetzgebung im deutschsprachigen Raum.[157]

---

[152] Sten. Bull. Nr. 42 vom 25. Juni 1905, 857.
[153] Sten. Bull. Nr. 42 vom 25. Juni 1905, 858.
[154] Vgl. Sten. Bull. Nr. 42 vom 25. Juni 1905, 860.
[155] Sten. Bull. Nr. 60 vom 7. Dezember 1905, 1234.
[156] Vgl. Sten. Bull. Nr. 60 vom 7. Dezember 1905, 1236.
[157] Vortrag von BR *Christoph Blocher* am 10. Dezember 2007 anlässlich des Festaktes im Nationalratssaal zum 100. Geburtstag des ZGB. Weiter würdigt *Christoph Blocher* den

2.6 Zwischenfazit

Das zählebige Rechtsinstitut Fideikommiss ist in der Schweiz jedoch nicht ersatzlos weggefallen. Auch kann man ohne Zweifel von einer ungelösten Altlastenproblematik[158] sprechen, sind doch nach *Alfred Sautier* im Kanton Luzern im Jahre 1907 noch deren 31 Fideikommisse existent[159] und im Jahre 1986 noch 16 an der Zahl[160]. Im Sommer 2013 dagegen kann man im Kanton Luzern immer noch acht Fideikommisse zählen.[161] Die geringe Zahl soll nicht über die grossen Rechtsprobleme der heute noch bestehenden altrechtlichen Familienfideikommisse hinwegtäuschen.

Altlasten werfen auch in diesem Zusammenhang nicht nur Sanierungsprobleme resp. Schwierigkeiten bei der Überführung in ein neues Rechtsvehikel auf. Auch stellen sich Fragen der Rechtsanwendung, ist doch die juristische Behandlung und rechtliche Einstufung der bestehenden Fideikommisse mit grossen Unsicherheiten behaftet.

Als Ersatzlösung für die nun untersagte Neuerrichtung wurde schon früh die Familienstiftung erkannt. „Während jedoch die Substanz der frühen Familienfideikommisse in Grundvermögen bestand, sind es heute vor allem wirtschaftliche Unternehmungen, bei denen der Inhaber das Bedürfnis verspürt, die organisatorische Einheit des Unternehmens ungeteilt seinen Nachkommen zu erhalten.“[162] Die Möglichkeiten der schweizerischen Familienstiftung wurden durch den Gesetzgeber jedoch stark eingeschränkt und diese fristen so eher ein Schattendasein.

Die Stiftung nach Art. 80 ff. ZGB wird schweizweit als klassisches Instrument für gemeinnützige resp. kulturelle Institutionen und als Vehikel für die Personalvorsorge gesehen, jedoch nicht als Vehikel der privatnützigen Vermögensperpetuierung.[163]

Schöpfer des ZGB als Vorbild für eine gute gesetzgeberische Tätigkeit, <http://www.nzz.ch/aktuell/startseite/zgb-1.597018> (abgefragt am 10. April 2014).

158 Altlasten sind nach Definition in Art. 2 As. 3 AltlV sanierungsbedürftige belastete Standorte, Familienfideikommisse dagegen sind sanierungsbedürftige belastete Vehikel der privatnützigen Vermögensperpetuierung.

159 Vgl. *Sautier,* Familienfideikommisse, 429-432; in das Fideikommissregister eingetragen waren jedoch nur deren 15, somit ist davon auszugehen, dass eine grosse Zahl von altrechtlichen Familienfideikommissen noch unerkannt sind, da diese mangels registerlichen Erfassung auch keiner Kontrolle unterliegen oder zwischenzeitlich aufgelöst worden sind.

160 Vgl. *Steiger,* Familienfideikommisse, 40.

161 Auskunft gem. E-Mail von *Jürgen Schmutz*, Staatsarchiv des Kantons Luzern, 15. Januar 2014.

162 *Söllner,* Rechtsgeschichte in *Medicus/Seiler,* 669.

163 Vgl. *Grüninger*, Art. 80-89bis N1 ZGB in *Honsell/Vogt/Geiser*, Zivilgesetzbuch I^3 (2006) (zitiert BSK ZGB I-*Grüninger* Art. 80-89bis N1).

Im Mittelpunkt des Interesses stand als Ersatz für den Famlienfideikommiss vor allem die Familienstiftung nach liechtensteinischem Recht[164] oder neuerdings der Trust. Die liechtensteinische Familienstiftung (als sog. gemischte Stiftung) ermöglicht auch heute die Ausrichtung der in der Schweiz (zwischenzeitlich) verpönten voraussetzungslosen Stiftungsleistungen.[165]

Art. 335 Abs. 2 ZGB kann der Anerkennung von sog. Familienunterhaltsstiftungen nicht entgegengehalten werden, da Art. 18 IPRG nicht als *loi d'application immédiate* gilt und so die Anwendung des ausländischen Stiftungsrecht nicht verdrängen kann.[166]

Mit seiner Motion versuchte SR *Werner Luginbühl* (BE) am 20. März 1999 den Bundesrat anzuregen, sich Gedanken zur Steigerung des Stiftungsstandortes Schweiz zu machen.[167] Dies um den Stiftungsstandort Schweiz auch für Familienstiftungen attraktiver[168] gestalten zu können.

Mit Bericht vom 27. Februar 2013 hat der BR diese Motion jedoch abschlägig beantwortet und abgeschrieben.[169] Der BR erachtet eine Änderung des

---

164 Art. 552 ff. PGR.

165 *Martin Schauer* ist gar der Meinung, dass alleine aufgrund der Tatsache, dass der liechtensteinische Gesetzgeber auch das Familienfideikommiss (Art. 829 ff. PGR) zulasse, gerade im Verhältnis zum Art. 335 ZGB kein Wertungswiderspruch bestehe, vgl. *Schauer*, Die liechtensteinische Stiftung im internationalen Vergleich unter besonderer Berücksichtigung der Familien- und Unterhaltsstiftung in *Marxer & Partner Rechtsanwälte* (Hrsg), Aktuelle Themen zum Finanzplatz Liechtenstein, Schriftenreihe zum liechtensteinischen Gesellschafts-, Steuer- und Bankenrecht (2004) 67 (47), gl.M. *Rawert*, Der Stiftungsbegriff und seine Merkmale – Stiftungszweck, Stiftungsvermögen, Stiftungsorganisation in *Hopt/Reuter* (Hrsg), Stiftungsrecht in Europa, Schriftenreihe des Instituts für Stiftungsrecht (2001) 109 (121); *Marxer*, Die liechtensteinische Familienstiftung (1990) 37, 72 und 92; *Quaderer*, Die Rechtsstellung des Anwartschaftsberechtigten bei der liechtensteinischen Familienstiftung, Schriften zum liechtensteinischen Recht, Bd. 5 (1999) 65; *Frick-Tabarelli*, Die besondere Bedeutung der Treuhänderschaft gemäss Art. 897 ff. PGR für die privatrechtliche Stiftung nach liechtensteinischem Recht, Schriften zum liechtensteinischen Recht, Bd. 1 (1993) 66; *Gröhs/Staringer*, Österreichische und liechtensteinische Stiftung in rechtsvergleichender Sicht in *Csoklich/Müller/Gröhs/Helbich* (Hrsg), Handbuch zum Privatstiftungsgesetz (1994) 293 (314) sowie aus neuster Zeit *Gasser*, Liechtensteinisches Stiftungsrecht[1] (2013) 76.

166 Anstelle vieler: *Gasser*, Stiftungsrecht, Vor Art. 552 § 1; vgl. BGE 135 III 614 E 4.

167 <http://www.parlament.ch/d/suche/seiten/geschaefte.aspx?gesch_id=20093344> (abgefragt am 9. April 2014).

168 Zu der Frage inwiefern die schweizerische Familienstiftung de lege ferenda ähnlich derjenigen in Liechtenstein oder Österreich ausgestaltet werden soll, vgl. *Kalss*, Die Privatstiftung in Österreich - ein Vorbild für die Schweiz für eine eigennützige Stiftung? in *Jakob* (Hrsg), Perspektiven des Stiftungsrechts in der Schweiz und in Europa, Schriften zum Stiftungsrecht (Helbing Lichtenhahn) (2010) 145; *Opel,* Familienstiftung, der klare Wortlaut von Art. 335 Abs. 1 ZGB spricht jedoch dagegen.

169 <http://www.ejpd.admin.ch/content/dam/data/pressemitteilung/2013/2013-02-27/ber-br-d.pdf > (abgefragt am 9. April 2014).

Stiftungsrechts nicht als notwendig. Eine Öffnung der Familienstiftung hin zur reinen Unterhaltsstiftung sei zudem nicht opportun. Der Rückgriff von schweizerischen Rechtsanwendern auf ausländische Vehikel zur Nachfolgeplanung sei zudem kein Nachteil im Wettbewerb der Rechtsordnungen. Abschliessend dazu bezweifelt der BR gar, dass die Neuregelung der Familienstiftung alleine die Attraktivität des Stiftungsstandortes Schweiz erhöhen würde. Würden doch Vermutungen oder fiskalische Gründe keine Neuordnung des Privatrechtes rechtfertigen.[170] Die Schweiz hat es m.E. hier verpasst, mit einem liberaleren Stiftungsrecht dem Import von ausländischen Rechtsvehikeln wie z.B. dem Trust Einhalt zu gebieten.

Somit ist man auch zukünftig darauf angewiesen, auf ausländische Vehikel zurückzugreifen, will man eine Familienstiftung mit voraussetzungslosen Unterhaltsleistungen begründen. Liechtenstein hat hier schon vor fast 90 Jahren einen liberaleren Weg gewählt, durchaus auch zum Wohl des Landes Liechtenstein.[171]

Inwiefern diese Bedürfnisse in modifizierter Form auch mittels eines Trusts nach liechtensteinischem Recht erreicht werden kann, soll nach einer kurzen Einführung anhand der Betrachtung eines familienfideikommissähnlichen Binnentrusts diskutiert werden.

---

170 Vgl. *Bundesrat*, Steigerung der Attraktivität des Stiftungsstandortes Schweiz (27. Februar 2013) 14-16.

171 Die Notwendigkeit des Fideikommisses (und indirekt auch der Familienunterhaltsstiftung) wird im kurzen Bericht zum PGR begründet mit dem Wunsch, „dass [gerade] in der heutigen kapitalarmen Zeit gewisse, Vermögen erhaltende Institute nicht zu verbieten, sondern, nachdem sie der heutigen wirtschaftlichen und sozialen Ordnung angepasst [wurden], zu erhalten sind." *Beck/Beck*, zusammengestellt von *Florian Marxer*, Die Materialien zum PGR aus den Jahren 1925 bis 1928, Teil I: Der Kurze Bericht zum PGR in Jus & News 2006/3, 295-334. Bei der Verabschiedung des PGR sagte dazu der Abgeordnete *Anton Walser*: „Das vorliegende Gesetz [PGR] wird für Land und Volk in seiner finanzpolitischen Auswirkung von grossem Nutzen sein. Es schafft nämlich im weitesten Umfange jene notwendigen gesetzlichen Voraussetzungen, ohne welche sich fremdes Kapital, unter welchem Titel es immer sei, für uns nicht in dem gewünschten Ausmasse interessieren kann. Es sollen dem Staate neue Mittel zugeführt werden." *Florian Marxer*, Die Materialien zum PGR aus den Jahren 1925 bis 1928, Teil III: Landtagsprotokoll zum 5. November 1925, in Jus & News 2007/2, 259-267. Liechtenstein bietet neben den USA so ein Beispiel für ein kompetitives Verhalten des Gesetzgebers und nimmt nach *Eva-Maria Kieninger* eine Sonderstellung ein, vgl. *Kieninger*, Wettbewerb der Privatrechtsordnungen im Europäischen Binnenmarkt: Studien zur Privatrechtskoordinierung in der Europäischen Union auf den Gebieten des Gesellschafts- und Vertragsrechts (2002) 196.

3 Trust

3.1 Vorbemerkung und Einschränkung

Eine detaillierte Darstellung des Trusts und der verschiedenen Truststrukturen wäre im Rahmen dieser Abhandlung zu umfangreich. Aus diesem Grund erfolgt eine Konzentration auf die wichtigsten Punkte des Trusts als Ausgangsbasis für die eingehende Betrachtung des fideikommissähnlichen Binnentrusts.

3.2 Umschreibung des Trusts

Nach *David J. Hayton* ist ein Trust „like an elephant, [...] difficult to describe but easy to recognise".[172] Eine Umschreibung ist dann im Standardwerk zum Recht der Trusts und *Trustees* zu finden: „A trust is an equitable obligation, binding a person [Trustee] to deal with property owned by him as a separate fund, distinct from his own private property, for the benefit of persons [Beneficiaries], of whom he may himself be one, and any one of whom may enforce the obligation."[173] Auch *Peter Max Gutzwiller* wagt eine Umschreibung: „Der Trust ist eine Rechtsbeziehung, die den *Trustee* verpflichtet, Vermögenswerte, deren Eigentümer er (im Falle der *declaration of trust*) schon ist, oder (im Falle des *settlement*) geworden ist, die aber ein Sondervermögen darstellen und nicht zu seinem privaten Vermögen gehören, zu Gunsten eines Begünstigten zu halten, zu verwalten und zu verwenden".[174]

Der Trust kann mehrere *Trustees* und auch mehrere Begünstigte haben. Selbst der *Settlor* oder auch der *Trustee* können Begünstigte des Trusts sein. Jeder Begünstigte kann aus eigenem Recht die Durchsetzung des Trusts verlangen. Ist mit dem Trust die Verwirklichung eines bestimmten (gemeinnützigen) Zwecks vorgeschrieben, so kann eine (quasi-)staatliche Behörde deren Durchsetzung verlangen (sog. *Enforcer*). Wichtig aber: Der Trust ist keine juristische Person. Einzig der *Trustee* als Eigentümer ist für den Trust aktiv- und passivlegitimiert.[175]

In der BO HTÜ wird der Trust umschrieben als „ein Rechtsverhältnis, bei dem bestimmte Vermögenswerte treuhänderisch auf eine oder mehrere Personen (*Trustees*) übertragen werden, welche diese zu verwalten und für einen vom Treugeber (*Settlor*, nachfolgend Begründer genannt) vorgegebenen Zweck zu

[172] *Hayton*, Principles of European trust law, Law of business and finance, vol. 1 (1999) XIII m.w.H.

[173] *Hayton/Matthews/Mitchell*, Underhill and Hayton law relating to trusts and trustees[17] (2007) 2.

[174] *Gutzwiller*, Schweizerisches Internationales Trustrecht, (2007) 5 Rz. 10.

[175] Vgl. *Gutzwiller*, Trustrecht, 5 Rz. 11-16.

verwenden haben. Letzterer kann allgemeiner Natur sein oder die Begünstigung bestimmter Personen (*Beneficiaries*, nachfolgend Begünstigte genannt) beinhalten. Der Begründer hat die Möglichkeit, sich selber zu begünstigen. Er kann sich darüber hinaus das Recht vorbehalten, den Trust zu einem späteren Zeitpunkt wieder aufzulösen und das verbleibende Vermögen an sich zu ziehen".[176]

Was unter einem Trust zu verstehen ist, wird auch im HTÜ selbst festgehalten, bedeute doch der Ausdruck Trust „die von einer Person, dem Begründer, – durch Rechtsgeschäft unter Lebenden oder für den Todesfall – geschaffenen Rechtsbeziehungen, wenn Vermögen zugunsten eines Begünstigten oder für einen bestimmten Zweck der Aufsicht eines *Trustees* unterstellt worden ist".[177]

3.3 Grafische Darstellung der beteiligten Parteien

Der klassische englische Trust kann wie folgt dargestellt werden:

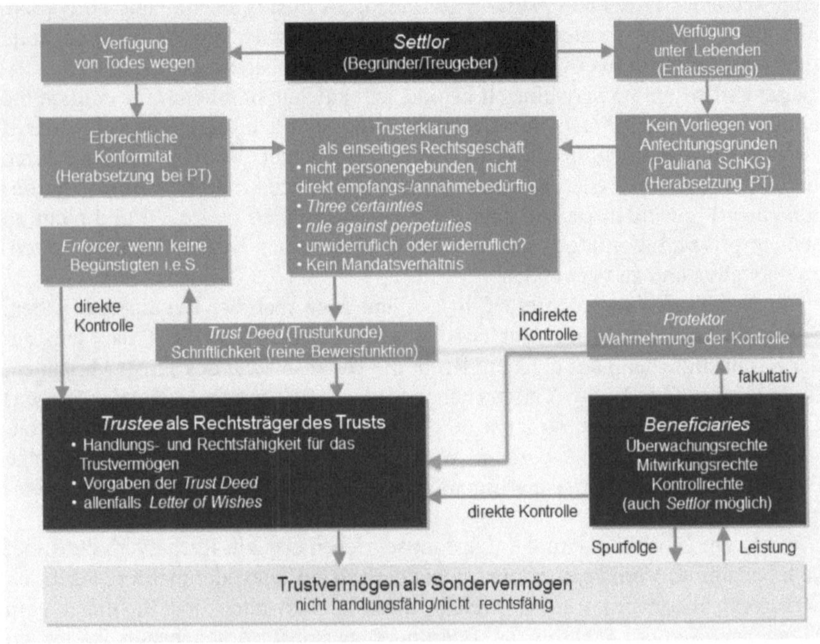

Abb. 2: Vereinfachte Darstellung des klassischen englischen Trusts (eigene Darstellung).

[176] BO HTÜ, 557-558.
[177] Art. 2 HTÜ.

3.4 Genehmigung des HTÜ durch die Schweiz

Das HTÜ wurde 1985 von der Haager Konferenz für internationales Privatrecht verabschiedet. Das HTÜ regelt jedoch kein materielles Recht, sondern ausschliesslich das auf Trust anzuwendende Recht und dessen Anerkennung. Das Trust-Statut eines Vehikels wurde sozusagen in das schweizerische Recht implantiert und als Institut sui generis anerkannt.[178] Massgeblich an der Erarbeitung war der Schweizer *Alfred E. von Overbeck* beteiligt, der auch den Bericht zum Konventionsentwurf[179] verfasste.[180] Die Genehmigung des Übereinkommens durch die Schweiz und auch die gleichzeitige Anpassung des IPRG[181] sowie des SCHKG[182] sind jedoch erst 21 Jahre später erfolgt.

Im erläuternden Begleitbericht vom 16. September 2004 zum Vernehmlassungsverfahren zum Bundesbeschluss über die Genehmigung des HTÜ wird das Familienfideikommiss mit keinem Wort erwähnt.[183] Erst im Rahmen der Vernehmlassung haben sich drei Teilnehmer dazu geäussert. Ein Teilnehmer der Vernehmlassung verlangte konsequenterweise die Streichung von Art. 335 Abs. 2 ZGB. Ein Anderer regt an, dass das Verhältnis vom Verbotsartikel zur Vorlage geregelt werden müsse und der Schweizerische Anwaltsverband regt eine baldige Prüfung dieser Frage an.[184] Eine diesbezügliche Anpassung oder auch vertiefte Auseinandersetzung mit dieser Frage wurde durch das EJPD jedoch nicht vorgesehen.

Ziele des HTÜ sind eine Vereinheitlichung der privatrechtlichen Behandlung des Trusts in internationalen Verhältnissen und somit eine Förderung der

---

178 Vgl. *Vogt*, Privatnützige Vermögensperpetuierung in der Schweiz in *Jakob* (Hrsg), Perspektiven des Stiftungsrechts in der Schweiz und in Europa, Schriften zum Stiftungsrecht (Helbing Lichtenhahn) (2010) 165 (168); *Jakob/Picht*, Das Haager Trust-Übereinkommen und seine Geltungseinschränkungen - ein Fass der Danaiden? in *Lorandi/ Staehelin* (Hrsg), Innovatives Recht (2011) 543 (544 m.w.H.); *Jakob/Picht*, Trust und Nachlassplanung in der Schweiz nach der Ratifikation des HTÜ in *Martinek/Rawert/Weitemeyer* (Hrsg), FS *Dieter Reuter* zum 70. Geburtstag am 16. Oktober 2010 (2010) 141 (142); *Vogt/Pannatier Kessler*, Vor 149a-e N 60 IPRG in *Honsell/ Vogt/Schnyder/Berti* (Hrsg), Internationales Privatrecht (2013) Basel (zitiert BSK IPRG-*Vogt/Pannatier Kessler*, Vor 149a-e N 60); zur Rechtsstellung des Trust vor Genehmigung des HTÜ vgl. *Supino*, Rechtsgestaltung mit Trust aus Schweizer Sicht, St. Galler Studien zum internationalen Recht, Bd. 17 (1994); *Mayer*, Der Trust und das auf ihn anwendbare Recht aus Schweizer Sicht, recht 2007, 64 (70).

179 Vgl. *Overbeck von*, Explanatory Report on the 1985 Hague Trusts Convention (1985).

180 Vgl. BSK IPRG-*Vogt/Pannatier Kessler*, Vor Art. 149a-e N 1-2.

181 Art. 21, 149a-e IPRG.

182 Art. 284a-b SchKG.

183 VE-HTÜ.

184 EJPD-Ergebnisse HTÜ, 7.

Rechtssicherheit.[185] Der Trust soll auch in den Ländern des *civil law* anerkannt werden. Anhand der IPR-Regeln soll ein Anknüpfungspunkt in diesen Ländern geschaffen werden. Zuständigkeitsfragen[186] und auch die Anerkennung von ausländischen Entscheidungen[187] werden nicht im HTÜ, sondern für die Schweiz im IPRG geregelt.[188]

3.5 Sonderform Binnentrust

Als Binnentrust wird ein Trust bezeichnet, „bei dem einzig durch die Wahl des auf den Trust anwendbaren ausländischen Rechts ein Auslandbezug hergestellt wird, dies z.B. dadurch, dass der Trust, dessen *Settlor*, *Trustee* und Begünstigte alle Wohnsitz in der Schweiz haben, einem [ausländischen] Recht unterstellt wird".[189]

Die Schweiz hatte im Rahmen der Genehmigung des HTÜ insb. bei Art. 13 HTÜ die Gelegenheit zu entscheiden, ob sie Binnentrusts anerkennen oder aber von der Möglichkeit des Vorbehaltes der Nichtanerkennung Gebrauch machen wollte.

> **Art. 13 HTÜ**
> Ein Staat ist nicht verpflichtet, einen Trust anzuerkennen, dessen wesentliche Bestandteile mit Ausnahme der Wahl des anzuwendenden Rechts, des Ortes der Verwaltung und des gewöhnlichen Aufenthalts des Trustees engere Verbindungen mit Staaten aufweisen, die das Rechtsinstitut des Trusts oder die Art von Trust, um die es geht, nicht kennen.

---

185 Zu den praktischen Auswirkungen des HTÜ vgl. *Noseda*, Praktische Auswirkungen des Haager Trust-Übereinkommens für den Schweizer *Trustee*, *Protector*, Trust Administrator und Investment Advisor, AJP/PJA 2006, 482.

186 Art. 149b IPRG.

187 Art. 149e IPRG.

188 Vgl. BSK IPRG-*Vogt/Pannatier Kessler*, Vor Art. 149a-e N 4-5.

189 BSK IPRG-*Vogt/Pannatier Kessler*, Vor 149a-e N 45.

Der schweizerische Gesetzgeber hat ausdrücklich auf die Möglichkeit der Nichtanerkennung von Binnentrusts verzichtet, lautet doch Art. 149c Abs. 2 IPRG wie folgt:

> **Art. 149c Abs. 2 IPRG – Anwendbares Recht**
> Das vom Übereinkommen bezeichnete anwendbare Recht ist auch dort massgebend, wo nach Artikel 5 des Übereinkommens dieses nicht anzuwenden ist oder wo nach Artikel 13 des Übereinkommens keine Verpflichtung zur Anerkennung eines Trusts besteht.

Im Vorentwurf im Rahmen der Vernehmlassung war der entsprechende Artikel jedoch noch restriktiver ausgestaltet und folgender dritter Absatz vorgeschlagen:

> **Art. 149b Abs. 3 IPRG[190] – Anwendbares Recht**
> Eine Rechtswahl nach Artikel 6 des Übereinkommens ist unbeachtlich, wenn ein ausländisches Recht bezeichnet wird und ausser dieser Rechtswahl kein weiterer Auslandsbezug besteht.

Im Begleitbericht VE-HTÜ wurde zu diesem Vorschlag festgehalten, dass gerade die Rechtswahl nach Art. 6 HTÜ nicht gelten soll, wenn ein reiner Binnentrust vorläge. „Ein reiner Binnentrust bleibt so ausschliesslich der schweizerischen Rechtsordnung unterstellt, d.h. über seine Gültigkeit und seinen Inhalt entscheidet das schweizerische Vertrags- und Gesellschaftsrecht. Damit wird verhindert, dass in einer reinen Binnensituation die zwingenden Bestimmungen des schweizerischen Rechts durch die Wahl einer ausländischen Rechtsordnung ausgehebelt werden.“[191] Die Gültigkeit eines Binnentrusts ist nach der Vorstellung im Begleitbericht VE-HTÜ einzig nach schweizerischem Vertrags- und Gesellschaftsrecht zu beurteilen. In der Vernehmlassung war diese Regelung jedoch stark umstritten, sei diese Norm doch noch restriktiver als das geltende Recht und führe unweigerlich zu Rechtsunsicherheiten. Nur drei westschweize-

---

190 Die Regelung des anwendbaren Rechts wurde im VE noch in Art. 149b VE-IPRG und erst bei Verabschiedung in Art. 149c IPRG geregelt, dies da neben dem Zuständigkeitsartikel (Art. 149a VE-IPRG) neu als Art. 149a IPRG eine Begriffsbestimmung eingeführt wurde.

191 Begleitbericht VE-HTÜ, 33; präzisierend wurde zudem festgehalten, dass der erforderliche Auslandbezug nur dann als gegeben angeschaut werde, wenn sich entweder a) der Wohnsitz, gewöhnlicher Aufenthalt oder Heimatstatt des *Settlors* oder b) der Wohnsitz, gewöhnlicher Aufenthalt oder Niederlassung des *Trustees* oder c) der Ort des Trustzweckes oder d) der Ort es Trustvermögens oder aber e) der Ort der Trustverwaltung im Ausland befinden.

rische Kantone[192] befürworteten diese Einschränkung, da nur so die Möglichkeit der Umgehung des schweizerischen Rechts ausgeschlossen werden könne.

Nach Auswertung der Ergebnisse der Vernehmlassung und in Abwägung aller Argumente hat sich der Bundesrat in der BO HTÜ jedoch für die liberalere Variante und somit für eine Streichung des Art. 149b Abs. 3 VE-IPRG ausgesprochen.[193] Der Binnentrust soll somit ein anerkanntes Gefäss im schweizerischen Recht darstellen und in der Anwendung nicht eingeschränkt werden.

Neben den vielen Befürwortern[194] des Binnentrusts, deren Argumente gehört wurden, gibt es auch gewichtige Mahner[195]. Auf ein Gegenargument von *Thomas Geiser* soll nachfolgend eingegangen werden: Art. 1 IPRG hält fest, dass das IPRG ausschliesslich auf internationale Verhältnisse anwendbar sei. Im Umkehrschluss finde das IPRG bei reinen Binnensachverhalten (so also auch beim Binnentrust) gerade keine Anwendung und das schweizerische Vertrags- und Gesellschaftsrecht greife.[196] Dasselbe Argument hat der Schweizerische Anwaltsverband auch schon im Rahmen der Vernehmlassung zum IPRG festgehalten, sei Art. 1 IPRG doch ein *avis au lecteur*, der besage „dass [der Leser] das Gesetz beiseitelegen kann, wenn er mit einem rein nationalen Fall befasst ist“.[197]

Diese Begründung greift jedoch zu kurz. *Paul Volken* ist der Auffassung, es werde im internationalen Privatrecht gerade nicht gesagt, welcher Art und welcher Intensität das Element des internationalen Bezuges sein müsse. Jede einzelne IPRG-Norm gebe für sich Auskunft über die räumliche Reichweite,

---

192 Auch hier war m.E. wiederum die starke historische Abneigung der durch den französischen *Code Civil* geprägten Kantone der Westschweiz spürbar, wollte man doch mit Art. 149b Abs. 3 VE-IPRG aus ihrer Sicht wohl gerade keine Umgehung des Verbot der Neuerrichtung von Fideikommissen und der unbeschränkten Nacherbeneinsetzung ermöglichen.

193 Vgl. Botschaft HTÜ, 594.

194 Vgl. Botschaft HTÜ, 594; BSK IPRG-*Vogt/Pannatier Kessler*, Art. 149c N 10; *Gutzwiller,* Trustrecht, Art. 13 HTÜ N8 und Einleitung N 47; *Eitel/Brauchli*, Trusts im Anwendungsbereich des schweizerischen Erbrechts, Successio – Zeitschrift für Erbrecht 2012 (121); Akzeptanz insb. bezogen auf grundbuchrechtliche Fragen: *Guillaume*, Fragen rund um die Eintragung eines im Trustvermögen befindlichen Grundstücks im Grundbuch, Zeitschrift für Beurkundungs- und Grundbuchrecht (ZBGR) 2009, 1 (5).

195 Neben *Geiser*, Familienfideikommiss und Trusts in *Honsell/Huwiler/Schulin* (Hrsg), Liber amicorum *Nedim Peter Vogt* (2012) 89 (98) zur Anwendung des Binnentrusts auch der SAV im Rahmen der Vernehmlassung zur Genehmigung des HTÜ und dem Erlass der entsprechenden Bestimmungen im IPRG vgl. EJPD-Ergebnisse HTÜ, 13 Fn. 71.

196 Vgl. *Geiser,* Familienfideikommiss in *Honsell/Huwiler/Schulin,* 102, *Thomas Geiser* erachtet gar die Umsetzung des HTÜ als misslungen. Der Gesetzgeber habe es hier verpasst, den Rahmen für Trusts in der Schweiz abzustecken und Regeln für die Berücksichtigung dieses Instituts in der Schweiz aufzustellen *Geiser,* Familienfideikommiss in *Honsell/ Huwiler/Schulin,* 105.

197 *Volken*, Art. 1 Rz. 10 mw.H. IPRG in *Heini/Keller/Siehr/Vischer/Volken* (Hrsg), IPRG Kommentar (1993) (zitiert IPRG-Kommentar-*Volken,* Art. 1 Rz. 10 m.w.H.).

„die sie für sich sowie für das von ihr bezeichnete materielle Recht in Anspruch nimmt“.[198] Mit Verweis auf das Schuldrecht könne zudem nicht ausgeschlossen werden, „dass der internationale Bezug unter Umständen nur durch eine Rechtswahl hergestellt [werde]. Für das IPRG erscheine eine derart weit gefasste Rechtswahlfreiheit verkraftbar, weil die rechtspolitisch sensiblen Anliegen ohnehin über den Vorbehalt des positiven *Ordre public* sichergestellt sind“.[199] Nur wenn grenzüberschreitende Elemente vorliegen, die eine bestimmte (rechtliche) Qualität aufweisen, kann man von einem internationalen Verhältnis i.S.v. Art. 1 IPRG sprechen. Im Zweifelsfall soll aber bei der Bestimmung des anwendbaren Rechtes ein internationales Verhältnis angenommen werden.[200]

Wenn der internationale Bezug jedoch gerade in der Rechtswahl eines Vehikels liegt, welches die Schweiz nicht materiellrechtlich erfasst hat, kann ohne Zweifel ein internationales Verhältnis angenommen werden. Ein Binnentrust hat in der Schweiz somit dieselbe Rechtsexistenz wie der Trust in seinem (rechtlichen) Ursprungsland.[201]

Diese liberale Grundhaltung des Gesetzgebers und somit die Akzeptanz des reinen Binnentrustes, ohne die Anpassung der Regeln zum Familienfideikommiss oder auch der rechtlichen Bestimmungen zur Nacherbeneinsetzung, führte zu vielen offenen Fragen. Erst die Klärung des Bundesgerichts zur Stellung von Art. 335 ZGB im internationalen Privatrecht konnte hier Rechtssicherheit bringen. Die liberale Ansicht des Bundesrates hinsichtlich des Binnentrusts hat somit gerade jene Rechtsunsicherheit geschaffen, die er damit zu vermeiden suchte.

3.6 Zwischenfazit

Der Binnentrust ist aufgrund des rechtspolitischen Entscheides in Art. 149c Abs. 2 IPRG zuzulassen. Auf die Auswirkung des Binnentrusts bei der familienfideikommissähnlichen Ausgestaltung wird nachfolgend eingegangen.

---

198 IPRG-Kommentar-*Volken,* Art 1 N 18.

199 IPRG-Kommentar-*Volken,* Art. 1 N 32.

200 Vgl. *Schramm*, Kommentierung Art. 1/18 IPRG in *Astutz/Breitschmid/Furrer/Girsberger/Huguenin/Müller-Chen/Roberto/Rumo-Jungo/Schnyder* (Hrsg), Handkommentar zum Schweizer Privatrecht (2007) (zitiert CHK-*Schramm* IPRG 1 N 2/5).

201 Vgl. *Guillaume,* Fragen, 6.

4 Familienfideikommissähnlicher Binnentrust

4.1 Definition und Verwendungszweck

Der hier betrachtete familienfideikommissähnliche Binnentrust ist eine Truststruktur, die sich vor allem durch folgende Besonderheiten auszeichnet.

Als Vehikel der privatnützigen Vermögensperpetuierung soll der Trust nach liechtensteinischem Recht dienen, welcher dann gestützt auf das HTÜ und die IPRG-Bestimmungen in die Schweiz eingeführt werden soll. Dieser Import eines fremden Rechtsvehikels als Binnentrust soll gestützt auf die nationalen Einschränkungen geprüft werden.

Bezugnehmend auf die Ausgangs gestellte Forschungsfrage wird diskutiert, inwiefern das Verbot der Errichtung von Familienfideikommissen durch die Genehmigung des HTÜ und die Anpassungen des IPRG dahingehend abgeschwächt wurde, als mit dem Binnentrust eine fideikommissähnliche Substitution im Geltungsbereich des schweizerischen Privatrechts nicht verhindert werden kann.

Die Wahl der ausländischen Rechtsordnung ist entsprechend leicht gefallen. Kennt doch gerade das Fürstentum Liechtenstein nicht nur mit der Familienunterhaltsstiftung, sondern auch mit dem Trust ein interessantes Vehikel, das sich im *Estate Planning* und in der *Asset Protection* optimal einsetzen lässt. Das Familienvermögen kann so im Rahmen einer rechtssicheren und privaten Struktur geschützt werden und dient so einer optimalen Vermögensplanung und Nachlassregelung.

4.2 Das liechtensteinische Trustrecht als Rechtsform

4.2.1 Besonderheiten des liechtensteinischen Trustrechts

Unter dem Titel „Die Treuhänderschaften" findet sich im PGR die Regelung des liechtensteinischen Trusts.[202] Art. 897 PGR enthält eine anschauliche Umschreibung des Trusts[203]: „Treuhänder (*Trustee* oder Salmann) [..] ist diejeni-

[202] Art. 897-932 PGR.

[203] Vgl. *Biedermann*, Die Treuhänderschaft des liechtensteinischen Rechts, dargestellt an ihrem Vorbild, dem Trust des Common Law, Abhandlungen zum schweizerischen Recht. Neue Folge, Bd. 470 (1981); *Bösch*, Die liechtensteinische Treuhänderschaft zwischen trust und Treuhand, Schriften zum liechtensteinischen Recht, Bd. 2 (1995); *Moosmann*, Der angelsächsische Trust und die liechtensteinische Treuhänderschaft unter besonderer Berücksichtigung des wirtschaftlich Begünstigten, Schweizer Schriften zum Bankrecht, Bd. 56 (1999); *Plachel*, Der liechtensteinische Trust: eine Charakterisierung unter besonderer Berücksichtigung der Rechtzuständigkeit am Treugut, AJP/PJA 2010, 617; *Hahn*, Integrationsstufen des angelsächsischen Trusts innerhalb der Heimatrechtsordnung am

ge Einzelperson, Firma oder Verbandsperson, welcher ein anderer (der Treugeber) bewegliches oder unbewegliches Vermögen oder ein Recht (als Treugut), welcher Art auch immer, mit der Verpflichtung zuwendet, dieses als Treugut im eigenen Namen als selbständiger Rechtsträger zu Gunsten eines oder mehrerer Dritter (Begünstigter) mit Wirkung gegen jedermann zu verwalten oder zu verwenden". Liechtenstein war mit Erlass des PGR im Jahre 1926 das erste und bis heute einzige kontinentaleuropäische Land, welches den angloamerikanischen Trust umfassend positivrechtlich geregelt hat. Es handelt sich jedoch nicht um eine wortgetreue Rezeption des angloamerikanischen Trusts, sondern es fanden vielmehr auch deutschrechtliche Elemente (insb. fideikommissähnliche) Eingang in die Regelung.[204]

Auf zwei Besonderheiten des liechtensteinischen Trustrechts soll kurz eingegangen werden: Einerseits findet die *rule against perpetuities* keine Anwendung, ein Trust kann so über die Regel *beyond lives in being plus 21 years* andauern. Diese klassische Regel im Trustrecht mit zeitlichen Beschränkung der Einflussnahme ist eine Einschränkung der generationsübergreifenden Vermögenssicherung, bewirkt sie doch, dass das Hinausschieben des Zeitpunktes, „von dem ab jemandem ein *vested interest*, d. h. ein nicht mehr vom Eintritt ungewisser Ereignisse abhängiges Recht am Trustgut zusteht, nur innerhalb bestimmter zeitlichen Grenzen [zulässig ist]".[205] Begründet wird die liechtensteinische Abkehr von dieser Regeln in tautologischer Weise damit, dass im PGR gerade im Gegensatz zu den umliegenden Ländern auch das Familienfideikommiss[206] materiellrechtlich geregelt sei. Da auch beim liechtensteinischen Familienfideikommiss keine zeitliche Beschränkung vorgesehen sei, sei es nur sachlogisch, dass auch bei Treuhandrecht keine solche legiferiert werden dürfe.[207] Anderseits ist neben der unbeschränkten Dauer bei liechtensteinischen Treuhandstrukturen auch die unbeschränkte Ansammlung von Erträgnissen i.S. einer *accumulation of income* möglich.[208]

Trotz dieser zwei gewichtigen Besonderheiten zu den klassischen Trust-Formen des *common law* ist die Anerkennung des liechtensteinischen Trusts unter dem Anwendungsbereich des HTÜ nicht in Frage gestellt, da die Grundsätze von Art. 2 HTÜ durchaus eingehalten werden. Diese Besonderheiten sind aber

Beispiel der Schweiz, Frankreich sowie Liechtenstein und Monaco, Europäische Hochschulschriften. Reihe 2, Rechtswissenschaft, Bd. 4882 (2009); *Frick-Tabarelli,* Treuhänderschaft; *Frick*, Der Trust in der Praxis des liechtensteinischen Rechts in *Schumacher/Zimmermann* (Hrsg), 90 Jahre Fürstlicher Oberster Gerichtshof (2013) 217.

204 Vgl. *Marxer & Partner Rechtsanwälte*, Liechtensteinisches Wirtschaftsrecht (2009) 116.

205 *Kötz*, Trust und Treuhand, Jurisprudenz in Einzeldarstellungen, Bd. 9 (1963) 51.

206 Art. 829-833 PGR. Die Regelung des Familienfideikommisses im PGR wird im Anhang abgedruckt.

207 Vgl. *Frick-Tabarelli,* Treuhänderschaft, Bd. 1, 108, *Biedermann,* Biedermann, Trust, Bd. 470, 160 ff.

208 Vgl. *Frick-Tabarelli,* Treuhänderschaft, 109; *Biedermann,* Trust, 142 ff.

geeignet, den Binnentrust nach liechtensteinischem Recht in fideikommissähnlicher Weise auszugestalten und in der Schweiz zum Leben zu erwecken.

4.2.2 Exkurs: Liechtensteinischer Trust reg. als Sonderform

Die Wahl als Rechtsvehikel für ein fideikommissähnliches Konstrukt könnte alternativ auch auf das liechtensteinische Treuunternehmen[209] (Trust reg.) fallen.[210] Präferiert wird jedoch nicht das Treuunternehmen ohne Rechtspersönlichkeit (eigentliche Geschäftstreuhand[211]), sondern aus nachfolgenden Gründen die uneigentliche Geschäftstreuhand[212] als Treuunternehmen mit Rechtspersönlichkeit. Das gewidmete Vermögen wird beim Trust reg. Eigentum des Treuunternehmens. Der *Trustee* als Organ wird so ermächtigt, das Treuvermögen als rechtlich selbständiges Unternehmen zugunsten der Begünstigten zu führen. Es erlangt jedoch einzig das treuhänderisch geführte Unternehmen eine juristische Rechtspersönlichkeit, das eigentliche Treuhandverhältnis bleibt davon unberührt.[213]

Eine Besonderheit des liechtensteinischen Rechts soll dazu kurz angesprochen werden, da sich dieses massgeblich auf den fideikommissähnlichen Binnentrust als Vehikel zur privatnützigen Vermögenperpetuierung auswirken kann. Die Besonderheit betrifft die Sonderanknüpfung für Pflichtteilserben in Art. 29 Abs. 5 IPRG, welcher besagt, dass Pflichtteilserben (Noterben) nur dann Rechte in einem internationalen Verhältnis erheben können, wenn dies nach dem Recht des Staates, dem die Rechtsnachfolge unterliegt, möglich ist. Diese im internationalen Privatrecht klassische Anknüpfung wird ergänzt durch den Zusatz, dass: „die Erhebung solcher Rechte überdies [dann] nur zulässig [sein soll], wenn dies auch nach dem für den Erwerbsvorgang massgeblichen Recht zulässig ist".[214]

Die Zuwendung des Vermögens an das Treuunternehmen[215] ist als gesellschaftsrechtlicher Erwerbsvorgang am Sitz der Gesellschaft zu werten. Deshalb findet als massgebliches Recht § 785 Abs. 3 ABGB Anwendung. Somit bleiben Schenkungen zur Äufnung eines Trust reg. im Falle einer möglichen Herabsetzung in jedem Fall unberücksichtigt, wenn diese früher als zwei Jahre vor dem Tod des Erblassers vorgenommen wurden. Dies im Gegensatz zu der fünfjähri-

---

209 Art. 932a §1-170 PGR (TrUG). Das Treuunternehmensrecht findet gestützt auf Art. 910 Abs. 5 PGR auch auf den klassischen Trust Anwendung.

210 Vgl. *Plachel*, Trusts, 42 ff; *Marxer & Partner Rechtsanwälte*, Wirtschaftsrecht, 129 ff.

211 § 1 Abs. 1 TrUG, die eigentliche Geschäftstreuhand hat im Rechtsleben Liechtensteins keinerlei Bedeutung erlangt, vgl. *Marxer & Partner Rechtsanwälte*, Liechtensteinisches Wirtschaftsrecht (2009) 129.

212 § 1 Abs. 2 TrUG.

213 Vgl. *Plachel*, Trusts, 47; *Marxer & Partner Rechtsanwälte*, Wirtschaftsrecht, 129.

214 Art. 29 Abs. 5 Satz 2 flIPRG.

215 Welches im Gegensatz gerade zum klassischen Trust eine juristische Person des Gesellschaftsrechts darstellt.

gen Frist der Herabsetzungsklage in der Schweiz [216] bei rein nationalen Verhältnissen.

4.3 Familienfideikommiss und Trust als juristische Brüder im Geiste

Die Verwandtschaft der beiden Institute zeigt sich bei näherer Betrachtung offensichtlich, nach *David Johnston* ist das Fideikommiss gar der Nucleus für die Trust-Entwicklung, jedoch mit der gewichtigen Einschränkung, dass das Fideikommiss an die Verfügung eines Erblassers gebunden ist.[217] Die Loslösung von der letztwilligen Verfügung war die Wegbereitung „to set up trusts charged on beneficiaries under the will other than the heir, or even on persons who benefited where there was no will at all“.[218] Und weiter: „all this depended on the fact that the Romans were for the first time in the law of succession experiencing an open system. No longer need a search for set words be made; it was now a matter of seeking words, or even deeds, which need do no more than satisfy the minimal essential principles of the law of trusts“.[219]

Die Verwandtschaft von Familienfideikommiss und Trust zeigt auch die Entwicklung des englischen *entail*[220] zu den *uses* auf. Konnte man mit den *uses* doch das Grunderbrecht umgehen und eine gewillkürte Erbfolge unter Einschaltung eines Treuhänders erreichen.[221] Es entstand so ein Vehikel, „dass sich nur dadurch [vom Familienfideikommiss] unterschied, dass seine Wirkungen über mehr als zwei Generationen hinaus nicht durch das Recht, sondern durch die Treuhänder gewährleistet wurden. Diese [Rechtsinstitute] wurden anfangs benutzt, um im Bürgerkrieg das Land der rebellischen Grossen vor den Konfiskationen der Krone zu bewahren. Sehr bald fanden sie auch darüber hinaus weite Verbreitung in ganz England. Von dort aus wurde das Rechtsinstitut nach Irland und Nordamerika gebracht“.[222] Deutschland konnte sich bis zum Ende der Monarchie nicht vom Familienfideikommiss lösen. Dies, da sich die Adligen beharrlich dafür einsetzten und das liberale Bürgertum zu wenig politische Macht

---

216 Art. 527 Ziff. 3 ZGB.

217 Vgl. *Johnston*, The Roman law of trusts (1988) 219.

218 *Johnston,* Roman, 219.

219 *Johnston,* Roman, 220.

220 Unter dem Entail verstand man „eine Art lehensrechtliches Familienfideikommiss, das durch das *Statute de donis conditionalibus* im Jahre 1285 geschaffen worden war: Güter, die auf ewige Zeiten unveräusserlich waren und deren Vererbung sich allein nach der bei der Verleihung ausbedungenen Folgeordnung vollzog.“ *Eckert*, Use, Trust, Strict Settlement – Fideikommissähnliche Bindungen des Grundbesitzes in England in *Köbler/Nehlsen* (Hrsg), Wirkungen europäischer Rechtskultur (1997) 187 (192 Fn. 21).

221 Vgl. *Eckert,* Use in *Köbler/Nehlsen,* 189.

222 *Eckert,* Use in *Köbler/Nehlsen,* 194.

hatte. So wurde es aber auch verpasst, einen Mittelweg zwischen Freiheit und Gebundenheit des Grundbesitzes zu finden. Eine sinnvolle Reform des Familienfideikommiss ist somit vor allem in Deutschland ausgeblieben. Der in England vereinbarte Kompromiss mit der zeitlichen Begrenzung des fideikommissarischen Gutes hätte auch in Kontinentaleuropa die grössten Missstände beseitigen und die politische Kritik daran eindämmen können. In den Jahren der revolutionären Umbrüche in Europa war das feudalistische und gleichheitswidrige Rechtsinstitut dann nicht mehr mit der Rechtsauffassung zu vereinbaren.[223] Mit *Thomas Geiser* kann man also festhalten, „dass der Trust eine angelsächsische Form des Fideikommisses ist und dass umgekehrt auch das Fideikommiss die schweizerische Form des Trusts war".[224]

Die enge juristische Verwandtschaft vom Familienfideikommiss und dem Trust wird auch damit zum Ausdruck gebracht, dass gerade im liechtensteinischen Recht bei den rechtlichen Regelungen zum Familienfideikommiss[225] die Möglichkeit geboten wird, dieses gemäss den Vorschriften über das Treuunternehmen als Fideikommiss-Treuunternehmen zu errichten. Das Treuunternehmen dient so über die Ausgestaltung als Familienfideikommiss als rechtlich anerkannter Mantel für die Gedanken der fideikommissarischen Substitution. Trusts können in ihrer Ausgestaltung durchaus sehr nahe am Familienfideikommiss konstruiert werden.[226] Allesamt Tatsachen, die nur mit einer engen juristischen Verwandtschaft zu erklären sind. Es handelt sich aber nicht um eine Rezeption des römischen Rechts in das englische Recht, sondern vielmehr eine Beeinflussung der Rechtsexperten des *common law* durch die im römischen Recht gelehrten Rechtsgrundlagen.[227]

---

223 Vgl. *Eckert,* Use in *Köbler/Nehlsen,* 200-201.

224 *Geiser,* Familienfideikommiss in *Honsell/Huwiler/Schulin,* 97; mit *David Johnston*: „For the purposes of later law Roman law could provide impulses towards, and examples of, the workings of the trust and the role of the trustee. But the forging of an abstract fiduciary concept – the trust – lay in the future" *Johnston,* Trusts and Trust-like Devices in Roman Law in *Helmholz/Zimmermann* (Hrsg), Itinera fiduciae, Comparative studies in continental and Anglo-American legal history Vergleichende Untersuchungen zur kontinentaleuropäischen und anglo-amerikanischen Rechtsgeschichte (1998) 45 (56).

225 Art. 829 Abs. 6 PGR.

226 Vgl. *Jakob/Picht,* Trust in *Martinek/Rawert/Weitemeyer,* 147; *Perrin,* The recognition of trusts and their use in estate planning under continental laws, in *Volken/Bonomi* (Hrsg), Yearbook of Private International Law, Yearbook of Private International Law (2009) 629 (655).

227 Vgl. *Thomas, J. A. C.,* Perpetuities and Fideicommissary Substitutions, RIDA 1958, 571 (590).

4.4 Grafische Darstellung des fideikommissähnlichen Binnentrusts

Der fideikommissähnliche Binnentrust in der Schweiz und die beteiligten Parteien können am Beispiel des liechtensteinischen Rechts wie folgt dargestellt werden:

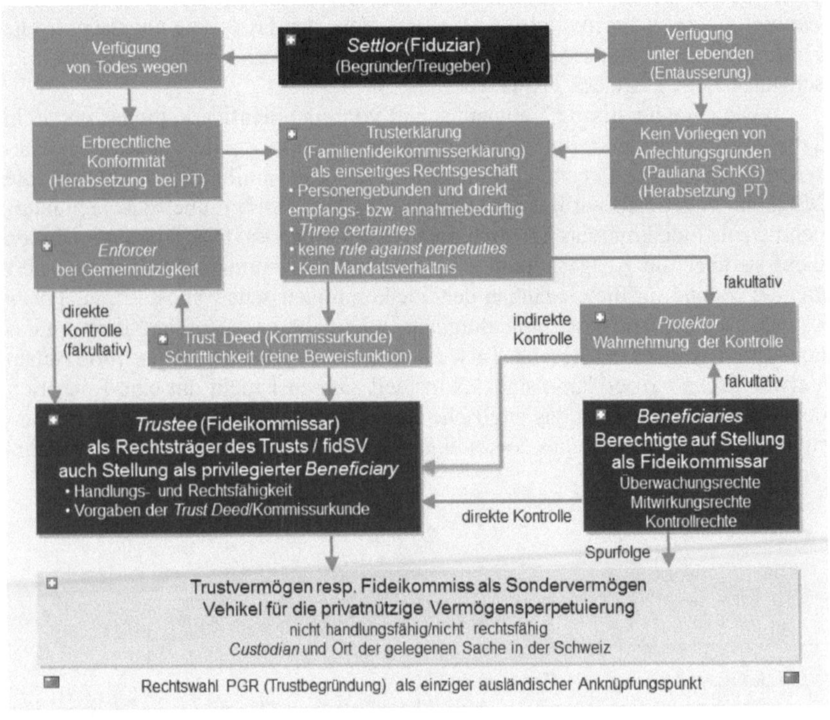

Abb. 3: Darstellung des fideikommissähnlichen Binnentrusts (eigene Darstellung).

4.5 Nationale Einschränkungen

4.5.1 Verbot der Neuerrichtung von Familienfideikommissen

Das Verbot der Neuerrichtung von Familienfideikommissen kann dem Geltungsbereich des HTÜ resp. der Anwendung der entsprechenden IPRG-Bestimmungen nur dann entgegengehalten werden, wenn es sich bei Art. 335 Abs. 2 ZGB um eine Bestimmung handelt, die eine zwingende Anwendung des schweizerischen Rechts vorschreibt. Diese als *lois d'application immédiate*[228] bekannte Regel des internationalen Privatrechts ist in Art. 18 IPRG festgehalten. Als generalklauselartige Grundlage einer kollisionsrechtlichen Sonderanknüpfung wäre die inländische Eingriffsnorm sodann unabhängig von dem zur Anwendung kommenden Recht anzuwenden.[229]

Im Entscheid BGE 135 III 616[230] hat das BGer jedoch bezogen auf Art. 335 ZGB festgehalten, dass diese Bestimmung jedoch nicht Ausdruck eines fundamentalen Grundsatzes der schweizerischen Rechtsordnung sei.[231] Auch habe der Gesetzgeber den Fortbestand der vor dem Inkrafttreten des ZGB bereits bestehenden Fideikommisse gerade deshalb erlaubt, weil diese Institution nicht auf unerträgliche Weise gegen die Sitten und das Rechtsgefühl in der Schweiz verstosse. Darüber hinaus seien die dazumal angeführten sittlichen und wirtschaftlichen Gründe gegen das Familienfideikommiss heute überholt.[232]

Art. 335 Abs. 2 ZGB ist somit nicht hilfreich, einem Trust mit fideikommissähnlicher Ausgestaltung die Anerkennung zu versagen und bildet keine zwingende Bestimmung des schweizerischen Rechts, welche auch in internationalen Verhältnissen zur Anwendung kommen soll.

4.5.2 *Verbot der Nacherbeneinsetzung*

Hat das BGer festgehalten, dass Art. 335 ZGB keine zwingende Bestimmung des schweizerischen Privatrechts ist, bleibt die Beantwortung hinsichtlich Art. 488 Abs. 2 ZGB noch offen. Das Verbot der unbeschränkten Nacherbeneinsetzung im ZGB, welches gerade als Schranke für Familienfideikommiss-Umgehungskonstrukte gesetzt wurde, zeichnet sich durch eine enge Verwandtschaft mit der *rule against perpetuities* aus. Eine Regelung, die gerade beim Trust nach liechtensteinischem Recht keinen Eingang gefunden hat. In der BO HTÜ wird die *rule against perpetuities* als Argument vorgebracht, weshalb ein (Binnen-)Trust nicht gegen Art. 335 Abs. 2 ZGB verstossen könne. Ein Argument freilich, das wie dargelegt bezogen auf den liechtensteinischen Trust nicht gelten kann.[233]

---

228 Vgl. *Voser*, Die Theorie der *lois d'application immédiate* im Internationalen Privatrecht, Schriftenreihe des Instituts für Internationales Recht und Internationale Beziehungen, Bd. 59 (1993).

229 Vgl. *Mächler-Erne/Wolf-Mettier*, Art. 18 N 17 IPRG in *Honsell/Vogt/Schnyder/Berti* (Hrsg), Internationales Privatrecht (2013) Basel (zitiert BSK IPRG-*Mächler-Erne/Wolf-Mettier*, Art. 18 N 17), CHK-*Schramm* IPRG 18 N 16.

230 Vgl. PRA 2010 Nr. 60.

231 Vgl. BGE 135 III 616 E 4.3.2.

232 Vgl. BGE 135 III 616 E 4.3.3; gegenteiliger Meinung ist *Geiser,* Familienfideikommiss in *Honsell/Huwiler/ Schulin,* 100-101, mit Vorbehalt wohl auch *Schnyder*, Trust, Pflichtteilsrecht, Familienfideikommiss in *Breitschmid/Portmann/Rey/Zobl* (Hrsg), Grundfragen der juristischen Person (2007) 331.

233 Vgl. BO HTÜ, 565, gl.M. *Jakob/Picht,* Trust in *Martinek/Rawert/Weitemeyer,* 865 ff.

Das BGer wird jedoch Art. 488 Abs. 2 ZGB nicht den Charakter einer zwingenden Norm des internationalen Privatrechts zusprechen können, ohne sich berechtigterweise dem Vorwurf der Wertungswidersprüchlichkeit auszusetzen, weil es diese Wirkung auch Art. 335 Abs. 2 ZGB verwehrt hat.[234]

4.5.3 Zulässigkeit unter Berücksichtigung von HTÜ und IPRG

Interessant nun die Fragen, ob ein nach IPRG zulässiger Binnentrust auch dann zuzulassen sei, wenn damit gegen elementare trustrechtliche Grundsätze verstossen wird. Ist doch gerade im liechtensteinischen Recht mangels *rules against perpetuities*, welche funktional mit den Vorschriften von Art. 355 Abs. 2 und 488 ZGB sowie auch Art. 245 OR vergleichbar ist,[235] die Errichtung von sog. *Dynasty Trusts* möglich. Aus schweizerischer Sicht sind weiter die Bestimmung gegen *Dynasty Trusts* als Teil des Trustrechts selbst aufzufassen.[236]

Die Fragen können sich nach Mindermeinung *Anton K. Schnyder* im Einzelfall in Anwendung des Rechtsmissbrauchsverbots[237] stellen.[238]

Aus Sicht des HTÜ und des IPRG ist jedoch ein abkommenskonformer Trust[239] anzuerkennen. Inwiefern jedoch gerade die Besonderheiten des liechtensteinischen Trustrechts hier schädlich sind, wird durch die Rechtsprechung zu prüfen sein.

---

234 Vgl. *Jakob/Picht*, Der Einsatz von Trusts in Vor- und Nacherbschaftskonstellationen in *Honsell/Huwiler/ Schulin* (Hrsg), Liber amicorum *Nedim Peter Vogt* (2012) 175 (187).

235 Vgl. BSK IPRG-*Vogt/Pannatier Kessler*, Vor Art. 149a-e N 67, *Vogt*, Art. 245 OR in *Honsell/Vogt/Wiegand* (Hrsg) Obligationenrecht I^4, Basel (2009) (zitiert BSK OR I-Vogt, Art. 245 N 5), welcher noch von einer zulässigen Dauer einer bedingten Schenkung von 60-70 Jahre ausgeht.

236 Vgl. BSK IPRG-*Vogt/Pannatier Kessler*, Vor Art. 149a-e N 86.

237 Art. 2 Abs. 2 ZGB.

238 Vgl. BGE 128 III 201 zum Rechtsmissbrauchsverbot als *lois d'application immédiate* und *Schnyder,* Trust in *Breitschmid/Portmann/Rey/Zobl,* 346.

239 Art. 2 HTÜ.

4.6 Vergleichende Darstellung

Die wichtigsten Merkmale des Fideikommisses und des Trusts sowie auch deren Abgrenzungen lassen sich tabellarisch[240] wie folgt darstellen:

Familienfideikommiss (Liechtenstein)	Trust (Treuhänderschaft)	Trust reg. (mit Rechtspersönlichkeit)	Familienstiftung (Unterhaltsstiftung)
Art. 829-833 PGR	Art. 897-932 PGR	Art. 932a § 1-170 PGR i.S. des § 1 Abs. 2 TrUG	Art. 552 § 1-41 PGR (StifG)
Keine jur. Person	Keine jur. Person	Juristische Person	Juristische Person
keine uneingeschränkte kommerzielle Tätigkeit aufgrund Veräusserungs- und Belastungsverbot sowie Zweckbestimmung des Fideikommissgutes	Uneingeschränkte kommerzielle Tätigkeit in den Schranken der *Trust Deed* möglich	Uneingeschränkte kommerzielle Tätigkeit in den Schranken der *Trust Deed* und Treusatzung möglich	Kommerzielle Tätigkeit nur möglich, wenn dies für die Erreichung des nichtwirtschaftlichen Stiftungszweckes oder Beteiligungen nötig ist.
Sondervermögen ohne Rechtspersönlichkeit	Sondervermögen ohne Rechtspersönlichkeit	Treuunternehmen mit Rechtspersönlichkeit	Zweckvermögen mit Rechtspersönlichkeit.
Erträge gehören dem Fideikomissar z.G. des Fideikommisses	Erträge gehören dem *Trustee* z.G. des Trustvermögens	Erträge zu Gunsten des Zweckvermögens	Erträge zu Gunsten des Zweckvermögens
Teilweise altrechtliche Registerpflicht auf freiwilliger Basis (deklaratorisch), sofern Ratifikation notwendig, jedoch konstitutive Wirkung	Eintragung ins Treuhandregister sofern die Kriterien nach Art. 900 ff. PGR erfüllt sind (deklaratorisch)	Eintragungspflicht der Treusatzung ins Handelsregister nach § 15 TrUG (konstitutive Wirkung der Eintragung)	Privatnützige Stiftungen, die kein kaufm. geführtes Gewerbe betreiben, unterliegen (§ 14 Abs. 3 StifG keiner Eintragungspflicht, aber Gründungsanzeige ans HR.

240 Vgl. *Scheuba*, Privatstiftung in *Kalss/Schauer* (Hrsg), Unternehmensnachfolge (2001) 147 (159).

Begünstigungsempfänger (Familienangehörige) haben keinen Anspruch, der Begünstigungsberechtigte dagegen hat Anspruch auf Vorteil aus Fideikommissvermögen und/oder den Erträgnissen	Begünstigungsempfänger (Begünstigungsbesitzer) haben keinen Anspruch, der Begünstigungsberechtigte dagegen hat Anspruch auf Vorteil aus Treuvermögen und/oder den Erträgnissen	Begünstigungsempfänger (Begünstigungsbesitzer) haben keinen Anspruch, der Begünstigungsberechtigte dagegen hat Anspruch auf Vorteil aus Treuvermögen und/oder den Erträgnissen	Ausgestaltung je nach Rechtsstellung mit rechtlichem Anspruch (Begünstigungs- oder auch Anwartschaftsberechtigung)) resp. ohne rechtlichem Anspruch (Ermessensbegünstigung)
Fideikommiss-Anwärter haben Überwachungs-, Mitwirkungs- und Kontrollrechte	Regelung der Begünstigtenrechte erfolgt nach §§ 5-12 StifG	Regelung der Begünstigtenrechte erfolgt nach §§ 78-133 TrUG	Begünstigte haben Leistungs-, Mitwirkungs- und Kontrollrechte
Ausschüttungen sind an Fideikommiss-Brief resp. die Familienzugehörigkeit gebunden	Ausschüttungen sind an *Trust Deed* resp. die Begünstigtenstellung gebunden	Ausschüttungen sind an *Trust Deed* resp. die Begünstigtenstellung gebunden	Ausschüttungen sind an Stifterwillen resp. Begünstigtenstellung gebunden.
Anerkennung Ausland zweifelhaft/ unmöglich aufgrund des vielfach vorherrschenden Verbotes	Anerkennung Ausland in HTÜ-Vertragsstaaten zulässig, sofern anhand der Kriterien des Übereinkommens errichtet	Anerkennung der Kapitalgesellschaft gestützt auf die Niederlassungsfreiheit nach Rechtsform der Gründung	Anerkennung Ausland teilweise kritisch (CH wohlwollend/D jedoch keine uneingeschränkte Anerkennung)

Tab. 1: Vergleichende Darstellung in Anlehnung Scheuba (ans. eigene Darstellung).

4.7 Zwischenfazit

Weder das Verbot der Neuerrichtung von (schweizerischen) Familienfideikommissen, noch das Verbot der Nacherbeneinsetzung können dem Trust entgegengehalten werden. Ein fideikommissähnlicher Binnentrust findet nach h.L. somit Anerkennung in der Schweiz und fällt in den Geltungsbereich des HTÜ und in den Anwendungsbereich der entsprechenden privatrechtlichen Kollisionsnormen.[241]

---

241 Art. 149a-e IPRG.

5 Schlussfolgerung

Mit dem Binnentrust und der Rechtswahl des liechtensteinischen Trustrechts als internationaler Anknüpfungspunkt liegt ein taugliches Instrument für die privatnützige Vermögensperpetuierung vor. In der schweizerischen Rechtsauffassung ist die Stiftung seit Erlass ZGB bekannt als Instrument für gemeinnützige oder auch kulturelle Zwecke sowie für die Personalvorsorge. Somit bietet sich der fideikommissähnliche Binnentrust an, in der Schweiz als Nachfolgevehikel anstelle der liechtensteinischen Familienstiftung eingeführt zu werden.

Eine schweizerische materiellrechtliche Umsetzung der Trustbestimmungen ist (als mögliche Alternative der Implantierung) abzulehnen, dies da gerade die Geschichte des Trustrechts zeigt, dass der Rückgriff auf einen grossen Fundus an Rechtsprechung und die entsprechende Krisenerprobtheit absolut elementar für dieses Konstrukt des *common law* ist.[242] Der Trust als Vehikel kann mit den Worten *Peter Böcklis* als bunte und komplizierte Orchidee[243] nur in einem angelsächsischen Gewächshaus richtig gedeihen. Von diesem grossen Fundus an Rechtsprechung kann die Schweiz nur profitieren und der schweizerische autonome Nachvollzug ist nicht zu empfehlen.

Eine im Jahre 2012 publizierte Studie zeigt auf, dass im Bereich *Private Banking* Zusatzopportunitäten für den Finanzplatz Schweiz in der Höhe von 2.5 Milliarden CHF möglich sind. Dies vor allem in zwei Bereichen. Im Bereich der UHNW sollen Zusatzeinkommen durch eine Verbesserung des Leistungsangebotes und durch dezidiertere Betreuungsmodelle generiert werden. Im Bereich des *Wealth Planning* dagegen soll vor allem durch eine umfassende Finanzplanung eine höhere Kundenbindung erreicht werden. Eine gesteigerte Beratungskompetenz in den Bereichen Nachfolgeplanung, Erbschaften sowie Sicherstellung des (bisherigen) Lebensstandards soll das Portfolio ergänzen.[244] Erreicht werden kann dies m.E. nur durch den Einsatz von interdisziplinären Betreuungsteams im Rahmen von Family-Office-Lösungen.

Als eines von acht möglichen Handlungsfeldern, um diese Zusatzopportunitäten im *Private Banking* auch realisieren zu können, wird von der eingesetz-

---

242 Aus diesen nachvollziehbaren Gründen bezeichnet auch *Nedim Peter Vogt* die materiellrechtliche Umsetzung der Trustregelung in das liechtensteinische PGR als gescheitert, vgl. *Vogt,* Perspektiven in *Jakob,* 168 Fn. 8.

243 *Böckli*, Der angelsächsische Trust – Zivilrecht und Steuerrecht, GesKR 2007, 209 (219), bezeichnet *Peter Böckli* ebda. den Trust als seltsames Rechtsgebilde, welches nicht Vertrag, nicht Treuhand und [auch] keine Stiftung sei.

244 *SBVg/BCG*, Banking im Wandel – Zukunftsperspektiven für die Banken in der Schweiz. Gemeinsame Studie zum Bankenplatz Schweiz (2011) 9.

ten Arbeitsgruppe[245] die Förderung von geeigneten Strukturen und Gefässen adressiert.[246] Nach Genehmigung des HTÜ bestehen diese Gefässe[247] mit dem Binnentrust aber bereits jetzt schon. Gerade die Kundenbindung kann durch die Übernahme der Rolle eines *Trustees* oder als *Protektor* gestärkt werden. Die Wertschöpfungskette kann ausgenützt und die Skaleneffekte können gesteigert werden. Ein fideikommissähnlicher Binnentrust kann gar die Ideen eines althergebrachten Rechtsgefässes wieder erneuern.

Die auch von *Peter Sprecher* genannten Ziele, welche für ein neues Vehikel der privatnützigen Vermögensperpetuierung sprechen sollen,[248] wie die Steigerung der Attraktivität des Wirtschafts- und Finanzplatzes sowie die Vermeidung von (weiteren) Kapitalabflüssen[249] können so realisiert werden, ohne aber materiellrechtlich ein neues Rechtsgebilde schaffen zu müssen.

Die Ideen des Familienfideikommisses, welche in der Schweiz heute immer noch vor allem im landwirtschaftlichen Bereich und auch im Bereich der gewerblichen Wirtschaft (u.a. Familiengesellschaften, Familienstiftungen liechtensteinischen Rechts und Unternehmensstiftungen)[250] rechtliche und faktische Realität sind, können so durch den Einsatz eines fideikommissähnlichen Binnentrusts weiter gefördert werden. Zudem bringt die Loslösung der familiären Verknüpfung mit sich, dass auch weitere Individualisierungen in die Ausgestaltung des Binnentrusts fliessen können.

---

245 Gebildet aus der SBVg und dem SFA, welche sich im Juli 2013 in Swiss Funds & Asset Management Association (SFAMA) umbenannt hat.

246 <http://www.swissbanking.org/mobile/medienmitteilung-20121206> (abgefragt am 13. April 2014).

247 Als Vorschlag de lege ferenda soll das ZGB mit einer zeitlich befristeten Regelung ergänzt werden, die es den noch bestehenden altrechtlichen Familienfideikommissen ermöglicht, als fideikommissähnlicher Binnentrust in die Zukunft zu schreiten. So wäre es möglich, 107 Jahre nach Erlass des ZGB, das bestehende Altlastenproblem zu lösen und eine offene Frage aus dem Gesetzgebungsprozess zu klären; siehe dazu auch *Hoffmann,* Sten. Bull. Nr. 60 vom 7. Dezember 1905, 1234. Zu den Lösungsmöglichkeiten einer Beibehaltung der bestehenden Familienfideikommisse vgl. *Pahud de Mortanges*, Gegenwartslösungen für ein historisches Rechtsinstitut: Das Familienfideikommiss in *Gauch/Schmid/Steinauer/Tercier/Werro* (Hrsg), Familie und Recht (1995) 499 (511 ff).

248 *Thomas Sprecher* will als Vorschlag den Begriff Privatfonds in die Diskussion einbringen, aufgrund der Nähe zu den kollektiven Kapitalanlagen ist jedoch davon abzusehen.

249 Siehe zu Vorschlag von *Thomas Sprecher* zur Schaffung eines Privatfonds *Sprecher*, Braucht die Schweiz ein neues Vehikel zur privatnützige Vermögensperpetuierung? in *Jakob* (Hrsg), Perspektiven des Stiftungsrechts in der Schweiz und in Europa, Schriften zum Stiftungsrecht (Helbing Lichtenhahn) (2010) 181 (183), bei der Aufzählung der Elemente eines schweizerischen Privatfonds wird jedoch klar, dass *Thomas Sprecher* eine Unterhaltsstiftung in Anlehnung an das liechtensteinische und österreichische Recht einführen möchte, vgl. *Sprecher,* Vehikel in *Jakob,* 190 ff. siehe dazu auch Anregungen *Kalss,* Privatstiftung in *Jakob.*

250 Vgl. *Baur,* Unternehmensbindungen in *Böckli/Eichenberger/Hinderling/Tschudi,* 525.

Gilt es doch mit dem Binnentrust als Vehikel für die privatnützige Vermögenperpetuierung nicht nur familiäre Strukturen, sondern auch davon losgelöst Dritten im Rahmen des *Estate Planning* und der *Asset Protection* sämtliche Instrumente zur Verfügung zu stellen, „um kulturelle, soziale oder wissenschaftliche Zwecke zu fördern, um die Nachkommen in Notlagen zu begünstigen oder gar um ein Unternehmen – das Lebenswerk – in seinem Fortbestand zu sichern".[251]

[251] *Holliger-Hagmann*, Werkzeuge für das *Estate Planning*, Schweizer Bank 2001-7, 60 (60).

Literaturverzeichnis

Anonym, Erb-Recht der Statt Zürich (1716).

Baur, Fideikommissähnliche Unternehmensbindungen in *Böckli/Eichenberger/Hinderling/Tschudi,* (Hrsg), FS *Frank Vischer* zum 60. Geburtstag (1983), Schulthess Polygraphischer Verlag AG, Zürich.

Beeler, Bäuerliches Erbrecht gemäss dem Bundesgesetz über das bäuerliche Bodenrecht (BGBB) vom 4. Oktober 1991, Zürcher Studien zum Privatrecht, Bd. 140 (1998), Schulthess, Zürich.

Bessenich, Vor Art- 488-492 ZGB N 1 in *Honsell/Vogt/Geiser*, Zivilgesetzbuch II[3] (2007) (zit. BSK ZGB II-*Bessenich*, Vor Art. 488-492 N 1).

Biedermann, Die Treuhänderschaft des liechtensteinischen Rechts, dargestellt an ihrem Vorbild, dem Trust des Common Law. Unter Berücksichtigung des Gesetzes betreffend das Treuunternehmen, Abhandlungen zum schweizerischen Recht. Neue Folge, Bd. 470 (1981), Stämpfli, Bern.

Böckli, Der angelsächsische Trust – Zivilrecht und Steuerrecht, GesKR, 2007, 209-235.

Bösch, Die liechtensteinische Treuhänderschaft zwischen trust und Treuhand. Eine rechtsdogmatische und -vergleichende Untersuchung aufgrund der Weisungsbestimmung des Art. 918 PGR, Schriften zum liechtensteinischen Recht, Bd. 2 (1995), GMG Juris Verlag, Mauren.

Bösch, Liechtensteinisches Stiftungsrecht[1] (2005), Stämpfli Verlag, Bern.

Bucher, Der Weg zu einem einheitlichen Zivilgesetzbuch, Rabels Zeitschrift für ausländisches und internationales Privatrecht, 2008, 661-685.

Budinszky, Abhandlung über einige Rechtsfragen aus dem Gebiete der Fideicommiss-Lehre (1862), Manz & Comp., Wien.

Bühler, Der Kampf um das Fideikommiss im 19. Jahrhundert, ZSR, 1969, 132-164.

Burckhardt, Die Vermächtnisforderung, Zürcher Studien zum Privatrecht, Bd. 48 (1986), Schulthess Polygraphischer Verlag AG, Zürich.

Buschor, Nachlassplanung (*estate planning*) nach schweizerischem internationalem Erbrecht, Zürcher Studien zum Privatrecht, Bd. 111 (1994), Schulthess, Zürich.

Carlen, Rechtsgeschichte in der Schweiz. Eine Einführung, Monographien zur Schweizer Geschichte (1968), A. Francke AG, Bern.

Caroni, „Privatrecht“: eine sozialhistorische Einführung, Das Recht in Theorie und Praxis (1988), Helbing & Lichtenhahn, Basel, Frankfurt a.M.

Dölemeyer, Rechtsvereinheitlichung Schweiz in *Coing* (Hrsg), Handbuch der Quellen und Literatur der neueren europäischen Privatrechtsgeschichte – Veröffentlichung des Max-Planck-Instituts für Europäische Rechtsgeschichte (1982), Beck, München.

Druey, Grundriss des Erbrechts[4], Stämpflis juristische Lehrbücher (1997), Stämpfli, Bern.

Eckert, Der Kampf um die Familienfideikommisse in Deutschland. Studien zum Absterben eines Rechtsinstitutes, Rechtshistorische Reihe, Bd. 104 (1992), P. Lang, Frankfurt am Main.

Eckert, Use, Trust, Strict Settlement – Fideikommissähnliche Bindungen des Grundbesitzes in England, in *Köbler/Nehlsen* (Hrsg), Wirkungen europäischer Rechtskultur (1997), Beck, München.

Egger, Familienrecht (Art. 252-359 ZGB), Kommentar zum Schweizerischen Zivilgesetzbuch, II.2 (1943), Schulthess & Co. A.-G., Zürich.

Eitel/Brauchli, Trusts im Anwendungsbereich des schweizerischen Erbrechts, Successio – Zeitschrift für Erbrecht (2012).

Frick, Der Trust in der Praxis des liechtensteinischen Rechts, in *Schumacher/Zimmermann* (Hrsg), 90 Jahre Fürstlicher Oberster Gerichtshof (2013), Jan Sramek Verlag KG, Wien.

Frick-Tabarelli, Die besondere Bedeutung der Treuhänderschaft gemäss Art. 897 ff. PGR für die privatrechtliche Stiftung nach liechtensteinischem Recht, Schriften zum liechtensteinischen Recht, Bd. 1 (1993), GMG Juris Verlag, Mauren.

Gasser, Liechtensteinisches Stiftungsrecht. Praxiskommentar[1] (2013), Stämpfli Verlag, Bern.

Geiser, Familienfideikommiss und Trusts in *Honsell/Huwiler/Schulin* (Hrsg), Liber amicorum *Nedim Peter Vogt* (2012), Helbing Lichtenhahn, Basel.

Gerhard, Die Familienstiftung nach ZGB, ZSR, 1930, 137-188.

Giacometti, Die Nacherbeneinsetzung als Verfügungsart im Erbvertrag sowie ihre Beschränkung in personeller und materieller Hinsicht (1972), Juris Druck + Verlag AG, Zürich.

Gröhs/Staringer, Österreichische und liechtensteinische Stiftung in rechtsvergleichender Sicht in *Csoklich/Müller/Gröhs/Helbich* (Hrsg), Handbuch zum Privatstiftungsgesetz (1994), Orac, Wien.

Grüninger, Art. 80-89bis ZGB in *Honsell/Vogt/Geiser*, Zivilgesetzbuch I^{3} (2006) (zitiert BSK ZGB I-*Grüninger* Art. 80-89bis).

Guhl, *Eugen Huber*, in *Schulthess* (Hrsg), Schweizer Juristen der letzten hundert Jahre (1945), Schulthess & Co. A.-G., Zürich.

Guillaume, Fragen rund um die Eintragung eines im Trustvermögen befindlichen Grundstücks im Grundbuch, Zeitschrift für Beurkundungs- und Grundbuchrecht (ZBGR), 2009, 1-18.

Gutzwiller, Schweizerisches Internationales Trustrecht. Kommentar zum Haager Trust Übereinkommen über das auf Trusts anzuwendende Recht über ihre Anerkennung (HTÜ) vom 1. Juli 1985 und zur schweizerischen Umsetzungs-Gesetzgebung von 2006 (2007), Helbing & Lichtenhahn, Basel.

Hahn, Integrationsstufen des angelsächsischen Trusts innerhalb der Heimatrechtsordnung am Beispiel der Schweiz, Frankreich sowie Liechtenstein und Monaco. Eine rechtsvergleichende Analyse am Beispiel des aktuellen Integrationsprozesses und Überlegungen für Deutschland de lege ferenda, Europäische Hochschulschriften. Reihe 2, Rechtswissenschaft, Bd. 4882 (2009), P. Lang, Frankfurt am Main.

Hayton, Principles of European trust law, Law of business and finance, vol. 1 (1999), Kluwer Law, The Hague.

Hayton/Matthews/Mitchell, Underhill and Hayton law relating to trusts and trustees^{17} (2007), LexisNexis, London.

Hoffmann, Die Familienstiftung nach schweizerischem Recht und ihr Unterschied vom Familienfideikommiss (1918), Stämpfli Verlag AG, Bern.

Holliger-Hagmann, Werkzeuge für das *Estate Planning*, Schweizer Bank (Onlinearchiv), 2001, 60-63.

Honsell, Römisches Recht^{4} (1997), Springer, Berlin.

Hrubesch-Millaur, Art. 484-486 ZGB in *Amstutz/Breitschmid/Furrer/Girsberger/Huguenin/Müller-Chen/Roberto/Rumo-Jungo/Schnyder*, Handkommentar zum Schweizer Privatrecht, Zürich (2007) Schulthess (zitiert CHK *Hrubesch-Millauer* ZGB).

Huber, System und Geschichte des schweizerischen Privatrechtes, Bd. 4 (1893), Verlag von R. Reich, vorm. C. Detloffs Buchhandlung, Basel (zitiert *Huber,* System IV).

Huber, Schweizerisches Zivilgesetzbuch – Erläuterungen zum Vorentwurf. Erster Band – Einleitung, Personen-, Familien- und Erbrecht^{2} (1914), Bern (zitiert *Huber*, Erl. I VE-ZGB).

Huber, Schweizerisches Zivilgesetzbuch – Erläuterungen zum Vorentwurf. Zweiter Band – Sachenrecht und Text des Vorentwurfes vom 15. November 1900 (1914), Bern (zitiert *Huber*, Erl. II VE-ZGB).

Huwiler, Art. 484-486 ZGB in *Honsell/Vogt/Geiser* (Hrsg), Zivilgesetzbuch II^{3}, Basel (2007) (zitiert BSK ZGB II-*Huwiler*, Art. 484-486).

Jakob/Picht, Trust und Nachlassplanung in der Schweiz nach der Ratifikation des HTÜ, in *Martinek/Rawert/Weitemeyer* (Hrsg), FS *Dieter Reuter* zum 70. Geburtstag am 16. Oktober 2010 (2010), de Gruyter, Berlin.

Jakob/Picht, Das Haager Trust-Übereinkommen und seine Geltungseinschränkungen – ein Fass der Danaiden? in *Lorandi/Staehelin* (Hrsg), Innovatives Recht (2011), Dike, Zürich.

Jakob/Picht, Der Einsatz von Trusts in Vor- und Nacherbschaftskonstellationen. Gedanken zum Zusammenspiel von Haager Trust Übereinkommen und Art. 488 Abs. 2 ZGB, in *Honsell/Huwiler/Schulin* (Hrsg), Liber amicorum *Nedim Peter Vogt* (2012), Helbing Lichtenhahn, Basel.

Jenny, Fideicommiss und Erbrecht. Ausschnitte aus der Geschichte der Fideicommisse (1956), Basel.

Johnston, The Roman law of trusts (1988), Clarendon Press, Oxford.

Johnston, Trusts and Trust-like Decices in Roman Law in *Helmholz/Zimmermann* (Hrsg), Itinera fiduciae, Comparative studies in continental and Anglo-American legal history Vergleichende Untersuchungen zur kontinentaleuropäischen und anglo-amerikanischen Rechtsgeschichte (1998), Duncker & Humblot, Berlin.

Kalss, Die Privatstiftung in Österreich - ein Vorbild für die Schweiz für eine eigennützige Stiftung? in *Jakob* (Hrsg), Perspektiven des Stiftungsrechts in der Schweiz und in Europa, Schriften zum Stiftungsrecht (2010), Helbing Lichtenhahn, Basel.

Kaser, Römisches Privatrecht. Ein Studienbuch^{16}, Juristische Kurz-Lehrbücher (1992), C.H. Beck, München.

Kieninger, Wettbewerb der Privatrechtsordnungen im Europäischen Binnenmarkt: Studien zur Privatrechtskoordinierung in der Europäischen Union auf den Gebieten des Gesellschafts- und Vertragsrechts (2002), Mohr Siebeck.

Kötz, Trust und Treuhand. Eine rechtsvergleichende Darstellung des anglo-amerikanischen trust und funktionsverwandter Institute des deutschen Rechts, Jurisprudenz in Einzeldarstellungen, Bd. 9 (1963), Vandenhoeck & Ruprecht, Göttingen.

Krause/Klebeck, Fonds(anteils)begriff nach der AIFM-Richtlinie und dem Entwurf des KAGB, Recht der Finanzinstrumente, 2013, 4-12.

Krauss, Das geteilte Eigentum im 19. und 20. Jahrhundert. Eine Untersuchung zum Fortbestand des Teilungsgedankens, Rechtshistorische Reihe, Bd. 198 (1999), P. Lang, Frankfurt am Main.

Kunkell/Honsell, Römisches Recht[4], Enzyklopädie der Rechts- und Staatswissenschaft; Abteilung Rechtswissenschaft (1987), Springer, Berlin.

Künzle, Familienstiftung - Quo vadis? in *Breitschmid/Portmann/Rey/Zobl* (Hrsg), Grundfragen der juristischen Person (2007), Stämpfli, Bern.

Lewis, Das Recht des Familienfideicommisses (1868), Weidmannsche Buchhandlung, Berlin.

Liebs, Lateinische Rechtsregeln und Rechtssprichwörter[3] (1983), C.H. Beck, München.

Liver, Das schweizerische Zivilgesetzbuch Entstehung und Bewährung, ZSR, 1962, 9-30.

Luig, *Philipp Knipschildt* und das Familienfideikommiss im Zeitalter des Usus modernus in *Helmholz/Zimmermann* (Hrsg), Itinera fiduciae, Comparative studies in continental and Anglo-American legal history Vergleichende Untersuchungen zur kontinentaleuropäischen und anglo-amerikanischen Rechtsgeschichte (1998), Duncker & Humblot, Berlin.

Mächler-Erne/Wolf-Mettier, Art. 18 N 17 IPRG in Honsell/Vogt/Schnyder/Berti (Hrsg), Internationales Privatrecht (2013) Basel (zitiert BSK IPRG-*Mächler-Erne/Wolf-Mettier*, Art. 18 N 17),

Manthe, Das senatus consultum Pegasianum, Freiburger rechtsgeschichtliche Abhandlungen, Bd. 12 (1989), Duncker & Humblot, Berlin.

Manthe, Geschichte des römischen Rechts (2000), Beck.

Marxer, Die liechtensteinische Familienstiftung. Ihre Eigenart im Verhältnis zum schweizerischen Recht (1990), Fribourg.

Marxer, Das Hausgesetz des Fürstenhauses von Liechtenstein und dessen Verhältnis zur staatlichen Ordnung Liechtensteins, Beiträge Nr. 17/2003 (2003), Bendern.

Marxer, Die Materialien zum PGR aus den Jahren 1925 bis 1928, Teil I: Der Kurze Bericht zum PGR in Jus & News 2006/3, 295-334.

Marxer, Die Materialien zum PGR aus den Jahren 1925 bis 1928, Teil III: Landtagsprotokoll zum 5. November 1925, in Jus & News 2007/2, 259-267.

Marxer & Partner Rechtsanwälte, Liechtensteinisches Wirtschaftsrecht (2009), Liechtenstein Verlag, Vaduz.

Mayer, Der Trust und das auf ihn anwendbare Recht aus Schweizer Sicht, recht, 2007, 64-88.

Mertens, Gesetzgebungskunst im Zeitalter der Kodifikationen: Theorie und Praxis der Gesetzgebungstechnik aus historisch-vergleichender Sicht (2004), Mohr Siebeck.

Meyer von Schauensee, Über die rechtliche Natur des Fideikommisses, SJZ, 1930, 61-64.

Mitteis, Institutionen. Geschichte und System des römischen Privatrechts (1949), Duncker & Humblot, Berlin.

Moosmann, Der angelsächsische Trust und die liechtensteinische Treuhänderschaft unter besonderer Berücksichtigung des wirtschaftlich Begünstigten. Eine rechtsvergleichende Studie mit Erkenntnissen für das Schweizer Treuhandrecht, Schweizer Schriften zum Bankrecht, Bd. 56 (1999), Schulthess, Zürich.

Neumann, Recht im antiken Mesopotamien in *Manthe* (Hrsg), Die Rechtskulturen der Antike: vom Alten Orient bis zum Römischen Reich (2003), Beck.

Noseda, Praktische Auswirkungen des Haager Trust-Übereinkommens für den Schweizer Trustee, Protector, Trust Administrator und Investment Advisor, AJP/PJA, 2006, 482-490.

Oechsli, Quellenbuch zur Schweizergeschichte. Kleine Ausgabe[2] (1918), Schulthess, Zürich.

Opel, Hat die schweizerische Familienstiftung ausgedient? Jusletter, 31. August 2009, 1-11.

Overbeck von, Explanatory Report on the 1985 Hague Trusts Convention. Offprint from the Proceedings of the Fifteenth Session (1984), tome II, Trusts – applicable law and recognition (1985).

Pahud de Mortanges, Gegenwartslösungen für ein historisches Rechtsinstitut: Das Familienfideikommiss, in *Gauch/Schmid/Steinauer/Tercier/Werro* (Hrsg), Familie und Recht (1995), Universitätsverlag, Freiburg Schweiz.

Perrin, The recognition of trusts and their use in estate planning under continental laws in *Volken/ Bonomi* (Hrsg), Yearbook of Private International Law, Yearbook of Private International Law (2009), Sellier de Gruyter, Berlin.

Plachel, Trusts im liechtensteinischen Recht (15. Mai 2009), Masterarbeit Universität St. Gallen.

Plachel, Der liechtensteinische Trust: eine Charakterisierung unter besonderer Berücksichtigung der Rechtzuständigkeit am Treugut, AJP/PJA, 2010, 617-623.

Quaderer, Die Rechtsstellung des Anwartschaftsberechtigten bei der liechtensteinischen Familienstiftung, Schriften zum liechtensteinischen Recht, Bd. 5 (1999), GMG Juris Verlag, Schaan.

Rawert, Der Stiftungsbegriff und seine Merkmale – Stiftungszweck, Stiftungsvermögen, Stiftungsorganisation in *Hopt/Reuter* (Hrsg), Stiftungsrecht in Europa, Schriftenreihe des Instituts für Stiftungsrecht (2001), Carl Heymanns Verlag KG Köln, Köln.

Reber, Germanisches Recht, in: Historisches Lexikon der Schweiz (HLS), Version vom 05. Dezember 2006 <http://www.hls-dhs-dss.ch/textes/d/D8932.php> (abgefragt am 9. März 2014).

Reber/Hurni/Schwizer, Protokolle der Verhandlungen der grossen Expertenkommission 1901-1903; Redigierter Vorentwurf von 1903, Botschaft und Entwurf des Bundesrates von 1904, Berner Kommentar - Schweizerisches Zivilgesetzbuch. Materialien zum Zivilgesetzbuch, Bd. 3 (2013), Stämpfli, Bern (zitiert Materialien ZGB III).

Salm-Salm, Die Entstehung des fürstlich Salm-Salm'schen Fideikommisses unter besonderer Berücksichtigung der vor den höchsten Reichsgerichten geführten Prozesse bis zum Pariser Brüdervergleich vom 5. Juli 1771, Ius vivens, Rechtsgeschichtliche Abhandlungen, Bd. 3 (1996), Münster.

Salza und Lichtenau von, Die Lehre von Familien-, Stamm- und Geschlechts-Fideikommissen. nach den Grundsätzen des gemeinen deutschen Privatrechts und mit Rücksicht auf die Abweichungen der einzelnen Particularrechte (1838), Gerigsche Buchhandlung, Leipzig.

Sautier, Die Familienfideikommisse der Stadt und Republik Luzern, Abhandlungen zum schweizerischen Recht, Heft 39 (1909), Stämpfli, Bern.

SBVg/BCG, Banking im Wandel – Zukunftsperspektiven für die Banken in der Schweiz. Gemeinsame Studie zum Bankenplatz Schweiz (2011).

Schaffer, Abriss der Schweizer Geschichte^{15} (1992), Huber, Frauenfeld.

Schauer, Die liechtensteinische Stiftung im internationalen Vergleich unter besonderer Berücksichtigung der Familien- und Unterhaltsstiftung in *Marxer & Partner Rechtsanwälte* (Hrsg), Aktuelle Themen zum Finanzplatz Liechtenstein, Schriftenreihe zum liechtensteinischen Gesellschafts-, Steuer- und Bankenrecht (2004), Liechtenstein-Verlag, Vaduz.

Scheuba, Privatstiftung in *Kalss/Schauer* (Hrsg), Unternehmensnachfolge (2001), WUV, Universitätsverlag, Wien.

Schnyder, Trust, Pflichtteilsrecht, Familienfideikommiss in *Breischmid/Portmann/Rey/Zobl* (Hrsg), Grundfragen der juristischen Person (2007), Stämpfli, Bern.

Schramm, Kommentierung Art. 1/18 IPRG in *Amstutz/Breitschmid/Furrer/ Girsberger/Huguenin/Müller-Chen/Roberto/Rumo-Jungo/Schnyder*, Handkommentar zum Schweizer Privatrecht (2007) (zitiert CHK-*Schramm* IPRG 1/18).

Schuhr, Rechtsdogmatik als Wissenschaft: rechtliche Theorien und Modelle (2006), Duncker & Humblot.

Schweinitz von, Zum Fideikommisswesen der Gegenwart und Zukunft. Eine Betrachtung zu dem vorläufigen Entwurf eines Gesetzes über Familienfideikommisse (1904), Hermann Walther Verlagsbuchhandlung G.m.b.H., Berlin.

Schwizer, Der Binnentrust im schweizerischen Erbrecht, Masterarbeit MLS (23. Mai 2011) St. Gallen.

Senger von, Strategeme. Lebens- und Überlebenslisten aus drei Jahrtausenden – Die berühmten 36 Strategeme der Chinesen[12], Strategeme, Bd. 1 (2003), Scherz, Bern.

Söllner, Zur Rechtsgeschichte des Familienfideikommisses in *Medicus/Seiler* (Hrsg), FS *Max Kaser* zum 70. Geburtstag[1] (1976), C.H. Beck'sche Verlagsbuchhandlung, München.

Sprecher, Braucht die Schweiz ein neues Vehikel zur privatnützigen Vermögensperpetuierung? in *Jakob* (Hrsg), Perspektiven des Stiftungsrechts in der Schweiz und in Europa, Schriften zum Stiftungsrecht (2010), Helbing Lichtenhahn, Basel.

Steiger, Die Familienfideikommisse in der Schweiz (1986), Zürich.

Strauch, Das geteilte Eigentum in Geschichte und Gegenwert in *Baumgärtel/Becker/Klingmüller/ Wacke* (Hrsg), FS *Heinz Hübner* zum 70. Geburtstag am 7. November 1984 (1984), Walter de Gruyter, Berlin -West.

Supino, Rechtsgestaltung mit Trust aus Schweizer Sicht, St. Galler Studien zum internationalen Recht, Bd. 17 (1994).

Thomas, Perpetuities and Fideicommissary Substitutions, RIDA, 1958, 571-590.

Trampedach, Das Recht des Fideicommissbesitzes am adligen Güterfamlienfideicommiss (1892), G. Mattiesen, Dorpat.

Trappe, Nachlassplanung und *Asset Protection*, ErbR, 2011, 76–79.

Trippel, Art. 4 N 10 KAG in *Watter/Vogt/Bösch/Rayroux/Winzeler*, Kollektivanlagengesetz (2009) (zitiert BSK KAG-*Trippel*, Art. 4 N 10).

Vogt, Privatnützige Vermögensperpetuierung in der Schweiz. Kann der Trust in seinem internationalen und schweizerischen Umfeld diese Aufgabe übernehmen? in *Jakob* (Hrsg), Perspektiven des Stiftungsrechts in der Schweiz und in Europa, Schriften zum Stiftungsrecht (2010), Helbing Lichtenhahn, Basel.

Vogt/Pannatier Kessler, Vor 149a-e N 60 IPRG in *Honsell/Vogt/Schnyder/Berti* (Hrsg), Internationales Privatrecht (2013) Basel (zitiert BSK IPRG-*Vogt/ Pannatier Kessler*, Vor 149a-e N 60).

Volken, Art. 1 RZ 10 mw.H. IPRG in *Heini/Keller/Siehr/Vischer/Volken* (Hrsg), IPRG Kommentar (1993) (zitiert IPRG-Kommentar-*Volken,* Art. 1 RZ 10 m.w.H.).

Vogt, Art. 245 OR in *Honsell/Vogt/Wiegand* (Hrsg) Obligationenrecht I^4, Basel (2009) (zitiert BSK OR I-*Vogt*, Art. 245 N 5).

Voser, Die Theorie der lois d'application immédiate im Internationalen Privatrecht. Untersuchung zur zwingenden Anwendung von Bestimmungen des schweizerischen Rechts gemäss Art. 18 IPRG, Schriftenreihe des Instituts für Internationales Recht und Internationale Beziehungen, Bd. 59 (1993), Helbing & Lichtenhahn, Basel.

Weimar, Berner Kommentar (BK), Band III: Erbrecht[1] (2009) Art. 484-486; (zitiert BK ZGB-*Weimar*, Art. 484-486).

Wildner, Das Fideikommiss-Recht nach dem österreichischen allgemeinen bürgerlichen Gesetzbuche und mehr als zweihundert darauf bezüglichen besonderen Anordnungen (1835), Becks Universitäts-Buchhandlung, Wien.

Abkürzungsverzeichnis

Abb.	Abbildung
Abs.	Absatz
AIFM-RL	Richtlinie 2011/61/EU des Europäischen Parlaments und des Rates vom 8. Juni 2011 über die Verwalter alternativer Investmentfonds und zur Änderung der Richtlinien 2003/41/EG und 2009/65/EG und der Verordnungen (EG) Nr. 1060/2009 und (EU) Nr. 1095/2010 (Abl. EU Nr. L 174/1 vom 1. Juli 2011)
AltlV	Verordnung über die Sanierung von belasteten Standorten (Altlasten-Verordnung, AltlV) vom 26. August 1998 (Stand am 1. August 2012) SR 814.680
Art.	Artikel (im Singular oder Plural)
BBl	Bundesblatt
BCG	Boston Consulting Group
Bd.	Band
BG	Bundesgesetz
BGBB	BG über das bäuerliche Bodenrecht (BGBB) vom 4. Oktober 1991 (Stand am 1. Januar 2014) SR 211.412.11
BGer	Bundesgericht
BK	Berner Kommentar
BO	Botschaft
BO HTÜ	BO zur Genehmigung und Umsetzung des Haager Übereinkommens über das auf Trusts anzuwendende Recht und über ihre Anerkennung vom 2. Dezember 2005 (BBl 2005-1735)
BO ZGB	BO des Bundesrates an die Bundesversammlung zu einem Gesetzesentwurf enthaltend das Schweizerische Zivilgesetzbuch vom 28. Mai 1904
BR	Bundesrat
BSK	Basler Kommentar
BV 1874	Bundesverfassung vom 29. Mai 1874
CHK	Handkommentar zum Schweizer Privatrecht
Diss.	Dissertation
E	Entwurf
EJPD	Eidgenössisches Justiz- und Polizeidepartement
EJPD-Ergebnisse HTÜ	Bundesbeschluss über die Genehmigung des Haager Übereinkommes über das auf trusts anzuwendende Recht und über ihre Anerkennung. Ergebnis des Vernehmlassungsverfahrens (April 2005)
ErbR	Zeitschrift für Erbrecht (Köln)
ESMA	European Securities and Markets Authority

ESMA 2013/611	ESMA-Leitlinien zu Schlüsselbegriffen der Richtlinie über die Verwalter alternativer Investmentfonds (AIFMD) vom 13. August 2013 <http://www.esma.europa.eu/ system/files/esma_2013_0060 0000_de _cor.pdf> (abgefragt am 24. März 2014)
E-ZGB	Entwurf des Schweizerischen Zivilgesetzbuches (BBl 1904 IV, 100-378)
FKO	Luzerner Ordnung wegen Fidei-Comissen und Stipendien vom 10. Dezember 1721
flIPRG	Gesetz über das internationale Privatrecht (IPRG) vom 19. September 1996 (LGBl. 1996 Nr. 194) (FL)
Fn.	Fussnote
FS	Festschrift
GesKR	Zeitschrift für Gesellschafts- und Kapitalmarktrecht (Zürich)
gl.M.	gleicher Meinung
h.L.	herrschende Lehre
Hrsg	Herausgeber
HTÜ	Übereinkommen über das auf Trust anzuwendende Recht und über ihre Anerkennung (HTÜ) vom 1. Juli 1985 (in Kraft getreten für die Schweiz am 1. Juli 2007) SR 0.221.371
i.S.	im Sinne
IPRG	BG über das Internationale Privatrecht (IPRG) vom 18. Dezember 1987 (Stand 1. Juli 2013) SR 291
KR	Kantonsrat
lat.	lateinisch
m.E.	meines Erachtens
LU	Kanton Luzern
N	Randnote(n)
n. Chr.	Nach Christus
NR	Nationalrat
OR	BG betreffend die Ergänzung des Schweizerischen Zivilgesetzbuches (Fünfter Teil: Obligationenrecht) vom 30. März 1911 (Stand am 1. Januar 2014) SR 220
OW	Kanton Obwalden
PGR	Personen- und Gesellschaftsrecht (PGR) vom 20. Januar 1926 (LGBl. 1926 Nr. 4)
PT	Pflichtteil(e)
recht	Zeitschrift recht (Bern)
RIDA	Revue Internationale des droits de l'antiquité
Rz.	Randziffer
SAV/FSA	Schweizerischer Anwaltsverband
SBVg	Schweizerische Bankiervereinigung (SwissBanking)
SFA	Swiss Fund Association

SFAMA	Swiss Funds & Asset Management Association
SG	Kanton St. Gallen
SO	Kanton Solothurn
SR	Ständerat
Sten. Bull.	Stenographisches Bulletin
StifG	Stiftungsrecht, Art. 552 § 1-41 PGR.
TG	Kanton Thurgau
TrUG	Treuunternehmensrecht, Art. 932a §1-170 PGR.
U.E.	Unseres Erachtens
UHNW	Ultra-High-Net-Worth individual(s)
UR	Kanton Uri
VE-HTÜ	Bundesbeschluss über die Genehmigung des Haager Übereinkommens über das auf Trusts anzuwendende Rechte und über ihre Anerkennung. Erläuternder Begleitbericht zum Vernehmlassungsverfahren (16. September 2004)
VE-ZGB	Vorentwurf zum Schweizerischen Zivilgesetzbuch des EJPD von 1900
ZGB	Schweizerisches Zivilgesetzbuch (ZGB) vom 10. Dezember 1907 (Stand am 1. Juli 2013) SR 210.
ZH	Kanton Zürich
ZSR	Zeitschrift für schweizerisches Recht (Basel)

Anhang 1:

Luzernische Fideikommiss-Ordnung von 1721

Ordnung

wegen Fidei-Commissen und Stipendien.

Den 10. Christmonat 1721.

§. I.

Weilen schon durch das Statt-Recht männiglichen, auch denen Weiberen mit rechtmässigen Beystand erlaubet den zwanzigsten Theil seines habenden Guts vergaaben und verschencken zu können ohne jemand dessen Verhinderung, noch Einred: soll hiemit männiglichen erlaubet seyn auff seine Lineam descendentem zu besserer Erhaltung und Auffnahm der Familien seines Stammens und Namens ein so genant Fidei-Commissum auff ligenden, oder Stipendium auff fahrenden Gütteren auffzurichten, doch also, daß solch-so genantes Fidei-Commissum, oder Stipendium den 20. Theil deß gantzen Guts nit übersteigen solle, wann nemlich der Instituent zu dem ererbten Guth nichts erübriget, solte aber solcher Instituent über das ererbte Guth annoch was vorgeschlagen haben, solle er über den 20. Theil deß gantzen, annoch den zehenden Theil deß vorgeschlagenen Guts zu sollichem so genanten Fidei-Commisso oder Stipendio anwenden mögen, und zwar ohne daß Unsere Gnädige Herren und Obere solche Institution abschlagen, oder verwerffen können, sondern die Ratification, wann man sie begehrte, darüber sollen ergehen lassen. Es ist aber anbey auch heiter erkent, daß auff ein Subjectum, oder Kopff allein ein sollich so genant Fidei-Commissum, oder Stipendium höcher nit als auff das Capital der zwanzig tausend Gulden steigen solle.

§. II.

Wann aber ein sollicher in vorbedeuter Linea descendenti ein Stipendium, oder so genant Fidei-Commissum über

über disen 20. Theil deß gantzen, und 10. Theil deß vorgeschlagenen Guts auffzurichten verlangte, solle er schuldig seyn es zu der Ratification oder annulation Unserer Gnädigen Herren vorzulegen, welche nach Befindnuß der Sachen darüber richten werden.

§. III.

So aber jemand bey Leb-Zeiten ein sollich so genant Fidei-Commissum oder Stipendium disem ersten Artickel zu Folg auffgerichtet hätte, und dannethin bey seinem Absterben sich befinden wurde, daß er über den ob-specificierten 20. Theil deß gantzen, und 10. Theil deß erübrigten Guts darzu angewendet hätte, solle von sollich-so genantem Fidei-Commisso oder Stipendio so vil abgezogen werden, als über den 20. Theil deß gantzen, und 10. Theil deß vorgeschlagenen darzu verwendet worden.

§. IV.

In der Transversal-Linien aber soll männiglich den 20. Theil deß gantzen, und fünfften Theil deß gewunnenen Guths zu einem beliebigen so genanten Fidei-Commisso, Stipendio, oder Vergaabung an einen oder mehr seiner Erben, oder an seine Familien anwenden mögen, ohne daß eine Ratification Unserer Gnädigen Herren darüber vonnöthen seye; und dises weil die Erben in der Transversal-Linien zwar rechtmässige, aber nit nothwendige Erben seynd, und Unsere Gnädige Herren schon vor disem offene Hand in solchen Fählen gehalten haben. Solte aber ein solcher Instituent in der Transversal-Linien über den 20. Theil deß gantzen, und 5. Theil deß erübrigten Guths zu solchem so genanten Fidei-Commisso, Stipendio, oder Vergaabung ein mehrers anwenden wollen, solle er es vor Unsere Gnädige Herren und Obere zu bringen schuldig seyn, und erwarten, was sie darüber gut finden werden.

Uu §. V.

§. V.

Solle das Capital solcher so genanten Fidei-Commissen, oder Stipendien jederzeit gantz verbleiben, und ohnangefochten so wohl von dem Hochoberkeitlichen Fisco, deren Bussen-Gericht, als von denen Schuld-Gläubigeren; damit aber die Fidei-Committierte ligende Capitalia also gantz verbleiben, solle die Specification solcher ligenden Güthern in jene Cantzley geleget werden, welche gewohnlich die Verschreibung auff solchen Güthern zu machen pfleget, damit sie wissen, daß sie keine Hand zu deren Verschreib-Verpfänd- oder Verkauffung geben sollen.

§. VI.

Betreffend aber die Nutz-Niessung, so soll in dem Fahl, da der Fiscus wider einen Fidei-Commissarium, oder Stipendiarium wegen begangener Missethat erkent wird, der Missethäter aber seinen Leib durch die Flucht errettete, der Fiscus ad dies vitæ deß Missethäters den Genuß deß so genanten Fidei-Commissi, oder Stipendii zu beziehen haben. Solte aber selbiger in die Hoch-Oberkeitliche Hand gerathen, und die Missethat mit dem Leben bezahlen müssen, und keine Patrimonialia hinderlassen, soll der Hochen Obrigkeit, und dero großmüthigen Mildte anheim gestellt seyn, den Genuß solch-so genanten Fidei-Commissi, oder Stipendii auff einige Jahr ihrem Fisco zu adjudiciren, nach Beschaffenheit der Missethat, und Qualitet, Grösse oder Geringfüegigkeit deß so genanten Fidei-Commissi, oder Stipendii.

§. VII.

Im Fahl aber einer Geldt-Straff, die der Schuldige mit keinen Patrimonialibus zu bezahlen hätte, solle er auch deß Genusses deß so genanten Fidei-Commissi, oder Stipendii entsetzet werden mögen biß zu völliger Bezahlung der Geldt-Straff.

VIII.

§. VIII.

Die Schuld Gläubigere betreffend, welche auff keine andere deß Schuldigen Fidei-Commissarij, oder Stipendiarij Mittel greiffen können, sollen sie auff die Einkünfften deß so genanten Fidei-Commissi, oder Stipendij greiffen mögen biß zu völliger ihrer Bezahlung, wann sie jedoch selbe währendem Leben deß Schuldigen Fidei-Commissarij, oder Stipendiarij auß solchen Einkünfften erheben können, dann nach deß Schuldigen Fidei-Commissarij, oder Stipendiarij Todt, sollen solche Schuldgläubigere nichts mehr hieran zu forderen haben mögen; solche rechtmässige Schuldgläubigere aber sollen auch in allem Fahl so wohl dem Fisco, als Straff-Recht vorgehen.

§. IX.

Die Fidei-Committierte Gütter sollen allezeit denen gemeinen Aufflägen, Steür, und Bräuchen underworffen seyn und bleiben; wie nit weniger denen Zehenden, Boden-Zinsen, Fählen, Ehr- und Erb-Schätzen, wann sie denen pflichtig seynd.

Letstlichen soll ein Vatter in seiner Linea descendenti obigen 20. Theil deß gantzen, und 10. Theil deß errungenen Guths, der ihme erlaubt zu einem Fidei-Commisso, oder Stipendio anzuwenden, auch Vergaabungs-Weiß an einige, oder mehr seiner Erben vergaben mögen, welche Summa aber dannethin freyes Guth seyn solle, und das Privilegium diser so genanten Fidei-Commissen, oder Stipendien nit geniessen, welches auch in Linea Transversali vom 20. Theil deß gantzen, und 5. Theil deß errungenen Guths verstanden werden solle. Es haben auch Hochernant-Unsere Gnädige Herren und Obere Räth und Hundert Ihnen heiter vorbehalten, bey jeder Ratification eines so genanten Fidei-Commissi, oder Stipendij je nach Beschaffenheit derselben ein Sitz-Geldt auffzulegen.

Uu 2 Ord-

Anhang 2:

Transkription der luzernischen Fideikommiss-Ordnung 1721

Ordnung
wegen Fidei-Commissen und Stipendien
den 10. Christmonat 1721[252]

§ I

Weil schon durch das Stadtrecht männiglich, auch den Weibern mit rechtmässigem Beistand erlaubt ist, den 20. Teil seines habenden Guts vergaben und verschenken zu können, ohne jemand's Verhinderung noch Einrede, soll hiermit erlaubt sein männiglich, auf seine lineam descendentem zu besserer Erhaltung und Aufnahme der Familien seines Stammes und Namens ein sogenanntes fideicommissum auf liegenden, oder stipendium auf fahrenden Gütern auszurichten, doch also, dass solch' fideicommissum oder stipendium den 20. Teil des ganzen Gutes nicht übersteigen soll, wann nämlich Instituent zu dem ererbten Gut nichts erübriget; sollte aber solcher Institutent über das ererbte Gut noch was vorgeschlagen haben, soll er, über den 20. Teil des Ganzen, noch den 10. Teil des vorgeschlagenen Gutes zu solchem sogenannten fideicommisso oder stipendio anwenden mögen, und zwar ohne dass U.G.H. und Obern solche Institution abschlagen oder verwerfen können, sondern die Ratifikation, wenn man sie begehrt, darüber sollen ergehen sollen. Es ist aber anbei heiter erkennt, dass auf subjectum oder Kopf allein ein solch' sogenannter fideicommissum oder stipendium höher nicht als auf das Kapital der 20'000 Gulden steigen solle.

§ II

Wenn aber ein solcher in vorbedeuteter linea descendenti ein stipendium oder sogenanntes fideicommissum über diesen 20. Teil des ganzen und 10. Teil des vorgeschlagenen Gutes zu instituieren verlangt, soll er schuldig sein, es zu der Ratifikation oder Annullation U.G.H. vorzulegen, welche nach Befindenheit der Sache judizieren werden.

§ III

Wo aber jemand bei Lebzeiten ein sogenanntes fideicommissum oder stipendium diesem ersten Artikel zufolge aufgerichtet hätte und dann bei seinem Absterben sich befinden würde, dass er über den obspezifizierten 20. Teil des ganzen und 10. Teil des erübrigten Gutes dazu angewendet hätte, soll von solchem sogenannten fideicommissio oder stipendio soviel abgezogen wer-

[252] Vgl. *Sautier,* Familienfideikommisse, 17 ff.

den, als über den 20 Teil des Ganzen und 10. Teil des Vorgeschlagenen dazu verwendet worden.

§ IV

In der Transversallinie aber soll männiglich den 20. Teil des ganzen und den 5. Teil des gewonnenen Gutes zu einem beliebigen fideicommissio, stipendio oder Vergabung an einen oder mehrere seiner Erben, oder an seine Familie anwenden mögen, ohne dass eine Ratifikation U.G.H. darüber von nöten ist, und dieses weil die Erben in der Transversallinie zwar rechtmässige, aber nicht notwendige Erben sind und U.G.H. schon vor diesem öffnere Hand in solchen Fällen gehalten. Sollte aber ein solcher Instituent in der Transversallinie über den 20. Teil des ganzen oder den 5. Teil des erübrigten Gutes zu solchem sogenannten fideicommissio, stipendio oder Vergabung, wie oben, anwenden sollen, soll er es vor U.G.H. zu bringen schuldig sein und erwarten, was sie darüber gutfinden werden.

§ V

Soll das Kapital solcher sogenannten Fideikommisse oder Stipendien jederzeit ganz verbleiben oder unangefochten sowohl von dem hochobrigkeitlichen Fisco, deren Bussengericht, als von den Schuldgläubigern. Damit aber die fideikomittierten liegenden Capitalia also ganz verbleiben, soll die Spezifikation solcher liegenden Güter in jene Kanzlei gelegt werden, welche gewöhnlich die Verschreibung auf solche Güter zu machen pflegt, damit sie wisse, dass sie keine Hand zu deren Verschreibung, Verpfändung oder Verkaufung geben sollen.

§ VI

Betreffend aber die Nutzniessung, so soll in dem Fall, da der Fiscus wider einen fideicommissarium oder stipendiarium wegen begangener Missetat erkennt wird, der Missetäter aber seinen Leib durch Flucht errette, der Fiscus ad dies vitae des Missetäters den Genuss des sogenannten fideicommissi oder stipendii zu beziehen haben. Sollte aber selbiger in die hochobrigkeitliche Hand geraten und die Missetat mit dem Leben bezahlen müssen und keine patrimonialia hinterlassen, soll der hohen Obrigkeit und der grossmütigen Milde anheimgestellt sein, den Genuss solch‘ sogenannten fideicommissi oder stipendii auf einige Jahre ihrem Fisco zu adjudizieren nach Beschaffenheit der Missetat und Qualität, Grösse oder Geringfügigkeit des sogenannten fideicommissi oder stipendii.

§ VII

Im Falle aber einer Geldstrafe, die der Schuldige mit keinen patrimonialibus zu bezahlen hätte, soll er auch des Genusses des sogenannten fideicommissi oder stipendii entsetzt werden mögen, bis zur völligen Bezahlung der Geldstrafe.

§ VIII

Die Schuldgläubiger betreffend, welche auf keine anderer des schuldigen fideicommissarii oder stipendiarii Mittel greifen können, sollen sie auf die Einkünfte des sogenannten fideicommissi oder stipendii greifen mögen bis zu völliger ihrer Bezahlung, wenn sie selbe während dem Leben des schuldigen fideicommissarii oder stipendiarii aus solchen Einkünften erheben können, denn nach des schuldigen fideicommissarii oder stipendiarii Tod sollen solche Schuldgläubiger nichts mehr daran zu fordern haben mögen; solche rechtmässige Schuldgläubiger sollen auch in allem Fall sowohl dem Fisco als Strafrecht vorgehen.

§ IX

Die fideikommittierten Güter sollen allezeit den gemeinen Auflagen, Steuern und Gebräuchen unterworfen sein und bleiben, wie nicht weniger den Zehnten, Bodenzinsen, Fällen, Ehr- und Erbschätzten, wenn sie deren pflichtig sind.

Letztlich soll ein Vater in seiner linea descendenti obigen 20. Teil des ganzen und 10. Teil des errungenen Gutes, der ihm erlaubt ist zu einem fideicommisso oder stipendio anzuwenden, auch vergabungsweise an einige oder mehrere seiner Erben vermachen mögen, welche Summe aber dann freies Gut sein und das Privilegium dieser Fideikommisse oder Stipendien nicht geniessen soll, welches auch in linea transversali vom 20. Teil des ganzen und 5. Teil des errungen Gutes verstanden werden solle. Es haben auch hochernannt U.G.H. ihnen heiter vorbehalten, bei jeder Ratification eines so genannten fideicommissi, oder stipendii je nach Beschaffenheit derselben ein Sitzgeld aufzulegen.

Anhang 3:

Regelung Fideikommisse im PGR

216.0

Liechtensteinisches Landesgesetzblatt

Jahrgang 1926 Nr. 4 ausgegeben am 19. Februar 1926

Personen- und Gesellschaftsrecht (PGR)

vom 20. Januar 1926

Den nachstehenden vom Landtag in seiner Sitzung vom 5. November 1925 auf Grund der Art. 2, 14, 27, 38, 41, 66 Abs. 1 der Verfassung gefassten Beschlüssen erteile Ich Meine Zustimmung:

Einleitung

4. Abteilung

Besondere Vermögenswidmungen und einfache Rechtsgemeinschaft

14. Titel

Die Heimstätten und Fideikommisse

[Art. 794 – 828 PGR (A-F) regeln die Heimstätte]

G. Fideikommisse

Art. 829

I. Begründung

1) Ein Vermögen kann dauernd und unveräusserlich, jedoch unter Vorbehalt der daran bestehenden Rechte Dritter, mit einer Familie oder sonst einem bestimmten Personenkreise dadurch verbunden werden, dass ein Fideikommiss mittels öffentlicher Urkunde oder einer Verfügung von Todes wegen errichtet und dessen nähere Anordnung, insbesondere die Rechtsnachfolge in der Urkunde oder in einem Statute geregelt wird.

2) Grundstücke im Inlande dürfen jedoch nur in dem Umfange Bestandteile eines Fideikommissvermögens sein, als sie für den Unterhalt von höchstens fünf Personen notwendig erscheinen.

3) Die Begründung eines Fideikommisses bedarf, soweit es in unbeweglichem Vermögen besteht, der Genehmigung der Regierung und der Zustimmung des Landtages; dies gilt auch für jede erhebliche Änderung, nicht aber für die Aufhebung.

4) Bei Grundstücken und grundbuchlichen Rechten ist das Fideikommiss im Grundbuche als Verfügungsbeschränkung vorzumerken, bei sonstigen in öffentlichen Registern eingetragenen Rechten aber beim betreffenden Eintrag anzumerken.

5) Vorbehalten bleiben die Vorschriften der Anfechtungsordnung, des Schenkungs- und Erbrechtes.

6) Ein Fideikommiss kann auch gemäss den Vorschriften über das Treuunternehmen errichtet werden (Fideikommisstreuunternehmen).

II. Stellung der Beteiligten
Art. 830
1. Im Allgemeinen

1) Soweit das Gesetz, die Errichtungsurkunde oder das Statut es nicht anders bestimmen oder der Zweck es zulässt, sind auf das Fideikommiss die Vorschriften über das stillschweigende Treuhandverhältnis, insbesondere auch hinsichtlich der Vermögensanlage, mit der Massgabe entsprechend anzuwenden, dass der Fideikommisserrichter die Stellung des Treugebers, der jeweilige Fideikommissbesitzer jene des Treuhänders und die Anwärter jene des Begünstigten einnehmen.

2) Die Vorschriften über Geschäfte zu eigenen Gunsten finden jedoch nur insoweit Anwendung, als die Rechte des Fideikommissbesitzers es zulassen.

3) Der jedesmalige Inhaber hat gemäss der Fideikommissurkunde den Besitz, die Verwaltung und die Nutzung, trägt aber andererseits auch alle Lasten, die übrigen Mitglieder der Familie oder Personen haben ein unentziehbares, dingliches Anwartschaftsrecht, das sich in der Befugnis zur Überwachung, ausserdem gemäss der Fideikommissurkunde in der Mitwirkung bei Rechtsgeschäften, sowie in Sondernutzungen, wie Abfindungen, Unterhalt, Renten und dergleichen äussern kann.

4) Der Fideikommissinhaber haftet für die ohne sein Verschulden erfolgte Wertverminderung nicht.

5) Wenn in der Fideikommissurkunde die Erbfolge nicht geordnet ist, so gelangt die gewöhnliche gesetzliche Erbfolge zur Anwendung.

6) Unbekannte Fideikommissanwärter können auf Antrag von Beteiligten durch den Richter im Aufgebotsverfahren zur Geltendmachung ihrer Ansprüche aufgefordert werden.

Art. 831
2. Veräusserung und Belastung

1) Bestimmt die Fideikommissurkunde es nicht anders, so ist der jeweilige Fideikommissbesitzer zu Verfügungen über das Fideikommissvermögen, wenn es nicht den ihm zufallenden Ertrag betrifft, nur soweit befugt, als es das Gericht aus wichtigen Gründen im Ausserstreitverfahren nach Anhörung der nächsten Anwärter gestattet.

2) Dingliche Rechte am Fideikommissgute können vom Fideikommissbesitzer nur so begründet werden, dass sie mit seinem Rechte selbst erlöschen und den bei der Errichtung des Fideikommisses oder bei der Begründung der ersteren bestehenden Rechten gutgläubiger Dritter oder den Anordnungen des Fideikommisserrichters nicht widersprechen.

3) Ein vom Fideikommissbesitzer an Fideikommissgegenständen bestelltes Pfandrecht erstreckt sich, vorbehältlich des Schutzes des guten Glaubens, nur auf den ihm zukommenden Ertrag und die Gläubiger können nur insoweit im Wege der Zwangsvollstreckung vorgehen.

4) Aus wichtigen, im Fideikommissgut selbst gelegenen Gründen, insbesondere zur Erhaltung oder Verbesserung kann trotz gegenteiliger Anordnung der Fideikommissurkunde auf Antrag des Fideikommissbesitzers und nach Anhörung der Anwärter der Richter im Ausserstreitverfahren die Bestellung von Pfandrechten, die bei Grundstücken in Tilgungsgrundpfändern bestehen müssen, auf das Fideikommissgut selbst mit der Massgabe bewilligen, dass der die Schuld begründende Fideikommissbesitzer und die Fideikommissnachfolger nur mit dem Gute nebst seinem Ertrage haften.

Art. 832
III. Auflösung

1) Stirbt eine an einem Familienfideikommisse beteiligte Familie oder der Kreis der berechtigten Personen aus, so fällt das Vermögen mit dem Tode des Letzten an das Land als Gesamtrechtsnachfolger, vorbehältlich anderer Anordnung in der Urkunde, und es ist, wenn es Zwecken gedient hat, die den öffentlichen Aufgaben des Gemeinwesens entsprechen, möglichst zweckentsprechend nach den Vorschriften über das stillschweigende Treuhandverhältnis zu verwenden, andernfalls ist vom Lande eine gemeinnützige Stiftung zu errichten oder das Vermögen einer solchen zuzuwenden.

2) Für die Fideikommissschulden haftet das Land wie bei Anfall des Vermögens einer Verbandsperson.

3) Ein Fideikommiss wird aufgehoben durch den Untergang des Fideikommissgutes, sofern nicht ein Ersatz an seine Stelle tritt, durch Beschluss der jeweiligen Familienglieder oder der sonst berechtigten Personen, sofern die Er-

richtungsurkunde es nicht anders bestimmt, ebenso durch Konkurs wegen Überschuldung oder Zahlungsunfähigkeit.

Art. 833
IV. Internationales Recht

1) Auf Fideikommisse im Inlande findet ausschliesslich inländisches Recht Anwendung.

2) Ausländische Fideikommisse können gleich wie inländische Fideikommisse Grundstücke erwerben, und es findet auf sie allenfalls die Vorschrift über das Aussterben des Berechtigten bezüglich des im Inlande liegenden Vermögens Anwendung.

3) Sie haben nötigenfalls einen Repräsentanten zu bestellen.

4) Die Vorschriften über Treuhänderschaften nach ausländischem Rechte finden mit der Massgabe auf Fideikommisse gemäss ausländischem Rechte Anwendung, dass hinsichtlich des Erwerbes von Grundstücken im Inlande ausschliesslich liechtensteinisches Recht gilt.

Curriculum Vitae

Dr. Marcel Lötscher, LL.M. studierte an den Universitäten St. Gallen und Bern Rechtswissenschaften. Als Erstausbildung hat er zudem die kaufm. Banklehre bei einer schweizerischen Grossbank abgeschlossen. Er erwarb das Luzerner Anwaltspatent und bildete sich zum Swiss Fund Officer FA/IAF und zum International Fund Officer FA weiter. Berufsbegleitend verfasste er eine Dissertation im Bereich der kollektiven Kapitalanlagen, welche er mit dem Erwerb des Doktorats abschloss. Er hält zudem einen Executive Master of Laws (LL.M.) in Gesellschafts-, Stiftungs- und Trustrecht der Universität Liechtenstein.

Marcel Lötscher war in verschiedenen Führungsfunktionen im Finanzbereich tätig. Unter anderem war er Mitglied der Gruppenleitung einer schweizerischen Finanzgruppe. Im Jahr 2012 wurde er zum Leiter des Bereichs Wertpapiere und zum Mitglied der Geschäftsleitung der Finanzmarktaufsicht (FMA) Liechtenstein berufen. Der Bereich Wertpapiere beaufsichtigt Vermögensverwaltungsgesellschaften, Fonds und deren Verwaltungsgesellschaften. Lötscher ist Mitglied von verschiedenen Expertengruppen im Bereich des Finanzmarktrechts und Regulierung und hält regelmässig Vorträge zu diesem Thema.

FSC
www.fsc.org
MIX
Papier | Fördert
gute Waldnutzung
FSC® C083411

Kolibri 360 GmbH
Ferdinand-Jühlke-Straße 7
99095 Erfurt, Deutschland
produktsicherheit@kolibri360.de